DE 1900 À NOS JOURS

UN SIÈCLE DE VIE QUOTIDIENNE

EN FRANCE

Sommaire

Les auteurs

Marie-Odile Mergnac, auteur de nombreux livres sur l'histoire de la vie quotidienne autrefois, sur la généalogie et sur les noms de famille. Elle rassemble dans cet ouvrage des recherches, mais aussi des témoignages et des souvenirs collectés pendant de nombreuses années.
Ont aussi collaboré Éric Labayle, spécialiste d'histoire militaire, auteur ici du chapitre sur le service militaire, et Anne Tricaud, conservateur du patrimoine, spécialiste des textiles, auteur des pages 8 et 46 sur l'habillement des enfants.
Par ailleurs, certains paragraphes de cet ouvrage reprennent des éléments publiés dans le livre « Bébés d'hier », dont Marie-Odile Mergnac et Anne Tricaud sont coauteurs, dans « Les écoliers et leurs maîtres en France d'autrefois », de Marie-Odile Mergnac, Caroline Brancq et Delphine Vilret, et dans « Le mariage et ses rites », de Marie-Odile Mergnac, Anne Tricaud et Florence Fourré-Guibert, tous parus aux Éditions Archives & Culture. Enfin, certains textes de Marie-Odile Mergnac (sur les vacances, l'automobile et les danses) ont déjà fait l'objet de publications sur le site Internet www.notrefamille.com.

Les statistiques : elles sont nombreuses dans ce livre. Elles sont pour la plupart tirées des données de l'Insee (rétrospectives séries longues), des travaux de la revue de sciences humaines Persée (entre autres pour les correctifs des statistiques Insee sur les temps de trajet et les distances domicile-travail) et des « Value Survey » européennes.

ISBN : 978-2-35077-249-3

© Archives & Culture - 26 bis, rue Paul-Barruel, 75015 Paris - www.archivesetculture.fr
Ouvrage réalisé avec *La Nouvelle République du Centre-Ouest*, *Sud-Ouest* et la *Voix du Nord*.

Introduction

Aucun siècle n'a connu autant de bouleversements que le XXe siècle. Internet et le téléphone, l'avion, le TGV, l'automobile, la télévision ou l'industrie nucléaire sont des inventions qui viennent immédiatement à l'esprit. On pense moins au quotidien de nos familles. Pourtant, les modes de vie ont radicalement changé. En 1900, nos aïeux vivaient peu ou prou comme leurs arrière grands-parents sous Louis XVI. En 2000, la vie de nos enfants n'a plus rien à voir avec la leur.

L'image d'un monde qui s'accélère n'a jamais été aussi vraie que dans la vie de tous les jours. Si les changements s'inscrivaient autrefois dans la durée longue, ce n'est plus le cas au XXe siècle. Les sauts technologiques se multiplient à un rythme inconnu jusqu'alors et modifient profondément le quotidien des familles. Vous souvenez-vous que l'eau courante n'est arrivée dans les campagnes qu'à la fin des années 1960 et que le prix d'une maison était alors encore fonction de sa distance au puits ? que votre arrière grand-mère s'est vraisemblablement mariée en noir ou en couleur ? qu'on utilisait l'encre et la plume jusqu'en 1965, date à laquelle le stylo a eu le droit d'entrer dans les écoles ? que les cantines scolaires n'ont pris leur essor que dans les années 1970 ? que le pic des colonies de vacances date de 1955 ? que la machine à laver le linge était une révolution considérable dans les familles et qu'elle remplaçait une épouvantable corvée ? que l'auto a mis le monde extérieur à portée de voyage mais qu'elle a aussi dissocié lieu de vie et lieu de travail ? que les distances parcourues annuellement ont été multipliées par cinq sur la seconde moitié du siècle ? qu'une personne sur deux travaillait à douze ans avant 1936 et était toujours actif à soixante douze ans à cette même époque ? que moins d'un enfant sur dix continuait ses études jusqu'au baccalauréat dans les années 1960 ? qu'un logement sur deux en France n'avait toujours pas de salle de bains en 1968 ? et que les familles n'avaient en général ni téléphone ni télévision avant les années 1970 ?...

Au fil des pages du livre, les évolutions d'un siècle de vie quotidienne sont remises en mémoire, thème par thème, depuis la toute petite enfance jusqu'à l'âge de la retraite, en passant par tous les âges de la vie. « C'était comment, avant ? », demandent vos enfants ou vos petits-enfants. Voici les réponses. Cet ouvrage sera, pour vous comme pour eux, une véritable machine à remonter le temps et les souvenirs.

À tous les enfants devenus grands, parfois centenaires, parfois disparus, dont les souvenirs transmis au fil des années ont nourri ce livre.

Ce livre est dédié principalement à :

● Fernand, Flavie, Marcelle, Françoise, nés à la fin du XIXe siècle.

● Andrée, Joseph, Louis, Marcelle, Paulette, Régina, Thérèse, nés avant 1920.

● Colette, Jean, Jean-Pierre, Josiane, Marie-Renée, Nicole, Raymond, nés avant 1950.

● Anne, Denis, Martine, Sandrine, et bien d'autres encore, tous nés après 1950.

La petite enfance

L'arrivée du bébé

Les premiers langes

Le berceau et la chambre

Les sorties du bébé

Le bébé en photos

Joyeux anniversaire !

Noël et sa nuit magique

Les jouets et les jeux

L'arrivée du bébé

Que de bouleversements en seulement un siècle. À commencer par la venue au monde. L'enfant naissait en 1900 dans la maison où il allait grandir. En 2000, il voit le jour dans les locaux aseptisés d'une maternité.

De la naissance à la maison...

Pendant des siècles, on naît chez soi, l'hôpital étant moins un lieu de soin que d'accueil des mendiants et des pauvresses, et souvent trop loin pour qu'on puisse s'y rendre rapidement avant l'essor de l'automobile. La naissance se déroule dans la chambre de la maman ou dans une pièce à vivre qu'on surchauffe pour l'occasion. En ville, le médecin est appelé systématiquement à partir de l'entre-deux-guerres par les familles bourgeoises, la sage-femme dans la plupart des autres cas. Mais à la campagne, un quart des cantons de France ne dispose encore d'aucune sage-femme en 1937. On fait donc appel à une voisine connue pour aider aux accouchements, voire à une « bonne femme » qui a mis ses enfants au monde seule, bref : jusqu'à la Seconde Guerre mondiale, les naissances se déroulent comme depuis des siècles, avec l'aide du voisinage. En 1932, le journal *Maman* destiné aux femmes les plus aisées conseille d'ailleurs d'accoucher chez soi « car cet acte physiologique s'accommode à merveille d'un milieu intime, familial, discret ».

... à la naissance à l'hôpital

Il faut dire que l'hôpital avait mauvaise presse... Sous le second Empire, dans les années 1850, il était vingt fois plus dangereux d'accoucher à l'hôpital que chez soi. Les règles

---

L'évolution du choix du lieu

- Les femmes nées avant 1922 ont quasiment toutes accouché à leur domicile.

- Les femmes nées entre 1922 et 1937 ont accouché à leur domicile dans 62 % des cas et à la maternité ou chez une sage-femme dans 38 % des cas.

- Les femmes nées entre 1937 et 1950 ont accouché à leur domicile dans seulement 10 % des cas et à la maternité dans 90 %.

- Les femmes nées après 1950 n'envisagent pas d'autre lieu d'accouchement que la maternité.

(Statistiques de l'ethnologue Françoise Loux pour les lieux du premier accouchement au XXᵉ siècle dans un département normand)

Avant 1951, la majorité des naissances se déroulaient à la maison, l'hôpital n'étant pendant longtemps que le refuge des plus pauvres.

d'asepsie n'étaient pas connues, les médecins passaient des salles d'autopsie aux salles d'accouchement sans se laver les mains, les taux de mortalité des mères étaient effrayants. Même s'il devient aussi sûr d'accoucher à l'hôpital qu'à domicile pendant l'entre-deux-guerres, l'hôpital pâtit de son ancienne image d'asile pour pauvresses. À la maternité de Port-Royal par exemple, le personnel gardait encore dans les années 1930 ses habitudes de méfiance envers la clientèle des anciens hospices. « Dès l'entrée, c'est l'anonymat, décrit Françoise Thébaud. Les futures mères sont systématiquement déshabillées, lavées et rasées, par crainte de la vermine et des poux. Toutes sont habillées du même linge, marqué des initiales de l'Assistance publique « AP » (même le pain, se souvient une vieille femme, était marqué !). L'accouchement se déroule dans une totale solitude, car tous les étrangers au service (mères, amies, maris) sont refoulés systématiquement au nom des règles de l'hygiène. Après la naissance, dans des salles communes de 10 à 40 lits, la vie est marquée par des règles très strictes : repas très tôt et visites rares (une heure par jour, trois personnes au maximum) ». En 1939, dans un but nataliste, l'État prend

en charge les frais d'accouchement des salariées les plus pauvres, ce qui augmente le nombre d'accouchements médicalisés. Le basculement se fait en 1951 : une naissance sur deux a lieu cette année-là en hôpital, un taux qui ne va cesser de croître.

Toujours plus accueillant

À partir de 1970, l'accueil hospitalier se transforme, les locaux embellissent. À la fin des années 1980, les papas ne sont plus cantonnés en salle d'attente mais peuvent entrer dans les salles d'accouchement. Mettre un enfant au monde paraît désormais si simple que, aujourd'hui, des associations écologistes prônent même le retour à la naissance à la maison !

On disait autrefois aux frères et sœurs que le bébé était né dans un chou, qu'une cigogne l'avait déposé (Alsace), qu'on l'avait acheté à la foire, ou que le médecin l'avait apporté dans sa grande sacoche (Paris, Rouen).

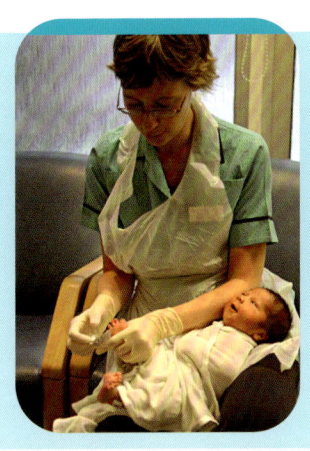

L'évolution des techniques

1890 : développement des règles d'asepsie dans les hôpitaux.

1900 : 1 bébé sur 7 meurt l'année de sa naissance, contre 1 sur 16 en 1950 et 1 sur 300 en 2000.

1901 : 1 femme sur 4 meurt si l'on tente une césarienne (contre 1 sur 2 en 1850, mais contre 1 sur 10 dans les années 1920 et 1 sur 20 000 aujourd'hui). La technique se développe après guerre, grâce aux antibiotiques, et dans les années 1980. Aujourd'hui, 20 % des mamans connaissent une césarienne.

1956 : développement des techniques de respiration du Dr Lamaze pour un accouchement dit sans douleur.

1975 : apparition de l'échographie, généralisée à partir de 1987.

1980 : apparition de la péridurale. Aujourd'hui, 70 % des mamans y ont recours.

Les premiers langes

Né en 1914, Pierre-Jakez Hélias racontait qu'on l'emmaillotait si serré qu'il ressemblait à une botte de paille bien droite... En un siècle, le bébé est passé des langes et des bandelettes à des vêtements prévus pour le laisser gigoter. Mais la grande révolution est celle des couches !

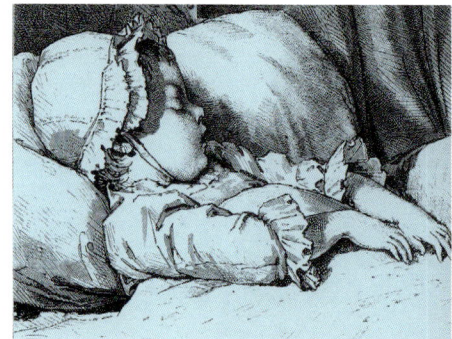

L'emmaillotage bien serré

Emmailloter le nouveau-né est toujours de règle au début du XXe siècle, car on pensait depuis des siècles que cela permettait au bébé de grandir avec les jambes bien droites, aptes à bien marcher. La superposition très souvent compliquée des bandelettes rendait le change difficile, mais cela ne semblait pas si grave autrefois parce que l'on répugnait à déshabiller trop souvent l'enfant par crainte du froid et des courants d'air.

Pour ces raisons mais aussi parce que la tête est particulièrement fragile, l'enfant tout petit portait un bonnet (ou même plusieurs superposés : un bonnet de linon, un bonnet de toile puis un bonnet de laine), de jour comme de nuit. Ceux des enfants savoyards et bretons, brodés et très décorés, étaient de couleurs très vives avec des bandes de velours noir, des petites paillettes et des rangs de dentelle autour du front.

Chaque région de France avait son propre mode d'emmaillotement des tout petits. Les bandelettes, plus ou moins serrées, pouvaient prendre totalement les bras de l'enfant ou pas. On libérait le bébé progressivement, lorsqu'il arrivait en âge de pouvoir trotiner, vers les onze mois.

Emmaillotage serré et bonnet de jour comme de nuit : voici ce que connaît le bébé né avant les années 1920.

Un habillage bouleversé

Les vêtements du bébé échappaient à peu près totalement à la mode et ont conservé jusqu'au lendemain de la guerre de 1914-1918 des formes de l'Ancien Régime. Filles et garçons étaient habillés de la même façon, d'abord emmaillotés, puis en robe jusqu'aux deux ou trois ans. C'est dans les années 1920 que l'évolution des idées sur l'hygiène et le confort, jointe à la généralisation du tricot aux aiguilles, commence à en modifier l'aspect. Libéré du maillot, le bébé apparaît vêtu de brassières, culottes, chaussons, chaussettes et bonnets en laine que l'on prend l'habitude de faire roses pour les filles et bleus pour les garçons.

Après la Seconde Guerre mondiale, l'adoption de tissus synthétiques très faciles à nettoyer entraîne la disparition du bavoir car autrefois il y en avait toujours un autour du cou du bébé. Enfin, avec le Babygro des années 1960, l'usage se répand de petites combinaisons enveloppant tout le corps sans gêner les mouvements.

L'évolution de la mode pour bébés

● Avant 1920 : ni phénomène de mode, ni différence entre filles et gaçons jusqu'à trois ans : tous sont en maillot serré puis en robe.

● Années 1920 : apparition des brassières et des vêtements tricotés. Invention du rose pour les filles et du bleu pour les garçons.

● Années 1950 : en dehors des repas, disparition du bavoir, autrefois rond ou carré, muni d'une ceinture fixée à la taille.

● Années 1960 : développement des pyjamas et des combinaisons libérant les mouvements du bébé.

Et les couches ?

Sachant qu'un bébé peut se salir sept fois par jour et que la machine à laver ne s'est généralisée que dans les années 1960, il fallait d'interminables séances de lavage de couches ! Car elles étaient en coton (usagé car il est plus doux). On les repliait en pointe autour du bébé. Puis on faisait tenir le tout en coinçant le tissu à la taille du bébé ou en utilisant des épingles de sécurité dites de nourrice.

Jusqu'aux années 1960, la mode était aux couches Tétra, en tissu de coton molletonné, plus absorbant. Mais elles n'empêchaient pas les fuites. De petits matelas caoutchoutés à alvéoles, créés dans les années 1920 sous la marque Hygiette, sont ainsi utilisés jusqu'à la fin des années 1960.

Dans les années 1960-1970, apparaissent en France des culottes lavables, en plastique imperméable, portant intérieurement une matière absorbante, jetée une fois sali. L'apparition de la couche totalement jetable est une vraie révolution ! Inventée par Victor Mills, vendue sous la marque Pampers en 1961 aux États-Unis, elle est introduite en France dans les années 1970. Disparus les interminables lavages, disparues les épingles de nourrice,

disparues les difficultés de mouvements avec des couches anatomiques à partir de 1986...

Qui se souvient des Hygiette en caoutchouc utilisées jusqu'en 1970 ? On les plaçait au fond des lits, des berceaux ou des landaus. Ci-dessus : une publicité de 1927. Et ci-contre : le fameux savon Cadum, né en 1912 pour la peau des bébés, avec une élection du « bébé Cadum » de l'année à partir de 1924.

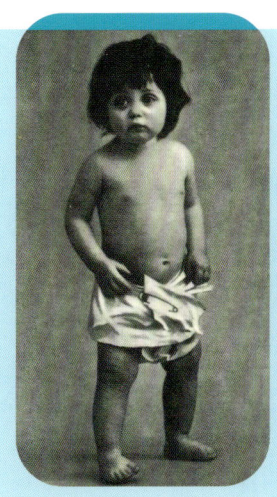

L'évolution des techniques de change...

Avant 1920 et jusqu'aux années 1960 : les couches sont en coton doux (les meilleures sont les couches Tétra).

Années 1920 : apparition des couches Hygiette, sortes de matelas caoutchoutés à alvéoles sur lesquels on pose l'enfant nu ou langé.

1960-1970 : diffusion de culottes imperméables à intérieur jetable.

Années 1970 : introduction en France des couches Pampers.

1972 : les bandes adhésives remplacent les épingles de nourrice.

1986 : développement des couches jetables anatomiques.

1990 : timide réapparition de couches lavables avec velcro et boutons pressions de couleur.

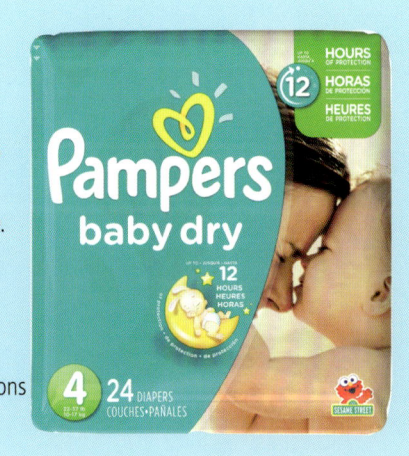

Le berceau et la chambre

Pas de chambre pour le bébé autrefois. Et guère de chambre non plus pour les enfants avant 1960-1970. On ne leur disait pas comme aujourd'hui : « Va jouer dans ta chambre », mais : « Va jouer dehors » puisqu'il n'y avait pas de chambre (ou si petite).

Où se place le berceau ?

Le berceau n'a pas autrefois d'emplacement fixe dans la maison, les parents le mettent là où ils se trouvent, près de la table le jour, dans les champs aussi (il existe des petits berceaux de transport ressemblant à une hotte), près du lit des parents la nuit, voire sur le toit du lit s'il s'agit d'un lit clos comme en Bretagne. Le but est de le conserver près de soi, à la fois pour la surveillance du petit et pour le balancer s'il faut l'endormir. Aussi les berceaux sont-ils pour la plupart montés sur des patins courbes, qui permettent de les faire osciller facilement.

De quoi est fait le berceau ?

Le berceau est réalisé en osier, en fer forgé (plus rigide, il permet un balancement plus efficace) ou dans un bois « qui sent bon », le sapin par exemple. S'il est en bois, il peut être rudimentaire (un simple tronc creusé par le père ou par le menuisier du village) ou plus élaboré et sculpté de décors protecteurs (croix, figures de saints...).

Riche ou pauvre, le bébé dormait dans la chambre de ses parents jusqu'à ses trois ou cinq ans. Comme on le voit sur ces photos le berceau est posé à côté de leur lit (de haut en bas : 1902, 1907 et 1932, dans des intérieurs bourgeois ou paysan).

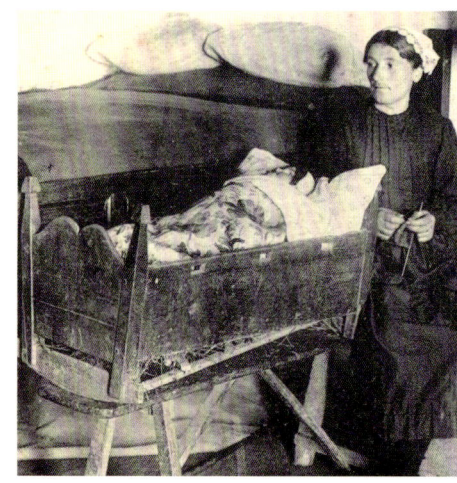

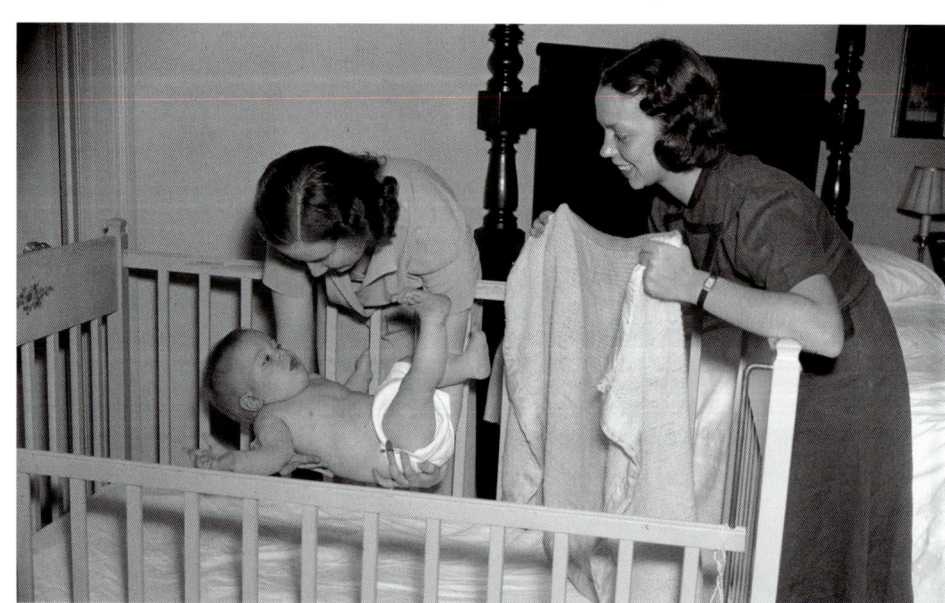

Certains ont des anses permettant la suspension à une poutre, pour placer le bébé hors d'atteinte d'un chat ou d'un chien maraudeur – précaution utile dans les campagnes. Dans tous les cas, le berceau d'avant 1920 est petit et très étroit puisqu'il est prévu pour un enfant emmailloté qui ne peut pas bouger. Pour l'en empêcher tout à fait, on peut même passer des cordelettes en zigzag dans des trous percés en haut des parois du berceau.

Et après le berceau ?

Pendant longtemps, l'enfant qui grandit n'a pas de chambre. Seulement un lit, parfois partagé avec un aïeul (Pierre-Jakez Hélias, né en 1914, dormait dans le lit clos de son grand-père) ou avec un autre enfant (tradition séculaire, on se souvient des sept filles de l'ogre dans le grand lit). Même dans les maisons bourgeoises, l'enfant petit quitte la chambre de ses parents pour celle d'une bonne ou d'un aîné.

Ainsi, jusqu'aux années 1960, si les enfants ont un lit bien à eux, c'est en général « dans un coin plus ou moins transitoire : une paillasse, un châlit, un grabas, un matelas, un petit "lit de fortune" qu'on dresse n'importe où, dans un réduit, un cabinet, sur un palier, dans un corridor, un couloir, un appentis, sous un escalier. Lorsqu'il grandissent, au mieux on leur aména-

ge une "chambrette", pour y dormir, pas pour y vivre (M. Perrot, *Histoire de chambres*) ».

Née en 1935 à Pontarlier, Colette dormait dans la pièce commune, ses petits frères dans une alcove sans fenêtre, seuls les parents avaient une chambre. Né à Paris en 1948, Jacques a partagé jusqu'à la fin de ses études universitaires une chambre avec ses trois frères (trois lits superposés et un lit gigogne qu'on tirait le soir au ras du sol).

Ce n'est qu'à partir de 1960-1970 que la chambre d'enfant trouve sa place dans l'architecture et dans l'univers familial, au moins à l'adolescence.

À partir des années 1980, cet espace devient même souvent plus grand que la chambre de parents que les pédopsychiatres ont fini par complexer...

Petit lit pliant en toile, 1995.

Berceau à frou-frou, 1920.

La naissance de la chambre d'enfant

1901 : création de la revue "L'Art et l'enfant" insistant sur le rôle des papiers peints et des décors qui l'entourent dans le développement du petit.

1913 : la chambre d'enfant apparaît dans des catalogues.

Années 1930 : si elle existe, elle est dans les tons roses et ivoire pour les filles, bleus pour les garçons. Christ, madone et gravures pieuses sont de rigueur.

Années 1960-1970 : l'enfant a désormais souvent une chambre à lui.

À partir des années 1980 : diffusion de meubles spécifiques, évolutifs avec l'âge de l'enfant, et particulièrement colorés. L'étape « berceau » n'existe plus toujours, le premier couchage est déjà souvent un petit lit à barreau ou en toile.

Les sorties du bébé

La poussette nous semble aujourd'hui incontournable. Mais quand on se souvient que le goudronnage des routes et chemins ne s'est généralisé que dans les années 1960, on comprend qu'il n'était pas question autrefois d'utiliser landaus ou poussettes à la campagne : on se serait embourbé !

Coûteux landaus des villes

Signes de standing réservés aux citadins riches à cause de leur coût, les landaus des années 1900-1910, de la Belle Époque, ressemblent à des calèches ou à des carrosses de dessins animés avec leurs roues gigantesques. La capote et le tablier sont en moleskine, les suspensions en cuir et en acier avec chaînettes. Des nounous en coiffe et tablier blanc y poussent les bébés chics dans les avenues, dans les allées du Luxembourg ou au bois de Boulogne. Les petits plus modestes se promènent simplement dans les bras de leur maman.

La forme de ces fort coûteux landaus évolue dans le temps. Dans les années 1920-1930, c'est le landau anglais qui fait fureur. Massif et bas pour ne pas basculer, de couleur sombre, son allure de char d'assaut semble un gage de solidité. Le capitonnage est meilleur. Ce style se maintient jusqu'aux années 1950, parfois avec des roues plus petites encore mais épaisses comme des pneus.

Le landau des années 1950-1970 s'allège, l'armature extérieure se couvre de toile beige, blanche ou bleue. Les suspensions, calquées sur celles des automobiles, sont considérablement améliorées. Enfin, des landaus à coque plastique colorée apparaissent dans les années 1970. Mais c'est à cette époque-là que ces carrosses pour bébés se font détrôner par la simple poussette, même si des modèles de landaus se fabriquent encore aujourd'hui pour les parents nostalgiques.

De haut en bas : 1925, 1960, 2000. En bas à gauche : 1955, 1965.

Du landau à la poussette

1845 : apparition des premiers « transports pour enfants », sous forme de petits chariots à trois roues.

1875 : apparition du mot landau (qui désignait jusqu'alors un attelage de ville) pour les voitures pour enfants, désormais à quatre roues et à capote.

1967 : apparition des premières poussettes pliantes.

1987 : normes françaises imposées pour les poussettes.

1992 : obligation d'utiliser un siège spécial ou une coque bébé attachés par une ceinture dans les automobiles (auparavant, on plaçait simplement le couffin sur la banquette arrière).

Poussettes pliantes pour tous

En 1967, l'ingénieur anglais Owen Maclaren commence à commercialiser les premières poussettes cannes. Ultra légères (3 kg) et pliantes, elles remplacent rapidement les volumineux landaus, bien encombrants dans les petits appartements citadins et intransportables dans les voitures ou dans les trains. Leur succès est tel que les marques et les modèles se multiplient à partir de la fin des années 1990 (quatre ou trois roues, tout terrain, avec bac pour les courses ou les changes, avec planche à roulettes associée

pour rouler en même temps le grand frère ou la grande sœur, etc.).

Et à la campagne ?

À la campagne, avant le goudronnage des routes et chemins des années 1960, que faisait-on du bébé quand on le sortait de son berceau ?

Si on partait dans les champs, on l'emmenait dans un couffin en osier, ou, dans les années 1930, dans une hotte à mi-chemin entre celle du vendangeur et le couffin ! Si on restait chez soi, mais qu'on allait et venait dans la cour ou dans le jardin, on suspendait souvent le bébé à une patère. Cette pratique curieuse mais vieille de plusieurs siècles présentait l'avantage de placer le bébé à l'abri des chiens ou bien des animaux de ferme qui pouvaient entrer ; elle s'est maintenue jusque dans les années 1920.

Autre système : une jarre en osier appelée baillotte, dans laquelle on enfilait le bébé et qu'on pouvait emporter avec lui à l'extérieur. On trouve aussi des planches en bois inclinées, bloquées en position verticale par deux pieds et appelées carrioles ou cabernottes ; on y plaçait un petit coussin puis le bébé, maintenu sous les bras par un demi-

cercle d'osier. Elles ont été utilisées jusqu'à la Seconde Guerre mondiale et vous pouvez en trouver dans vos greniers… sans bien en comprendre l'usage. On sortait ainsi le bébé en plein air, mais il ne pouvait pas bouger.

Commencer à marcher…

Quand le bébé s'essayait à marcher, on le plaçait dans des sortes de trotte-bébé en bois lourd, maintenant l'enfant sous les bras et garnis de roulettes, ancêtres de nos youpalas, ou bien dans des tourniquets autour duquel il pouvait tourner, soutenu là encore sous les aisselles. Vers 1930 apparaît le grand parc en bois au milieu duquel on peut laisser le bébé sur un tapis. Il se dresse en se tenant aux montants et s'essaye à marcher d'un bord à l'autre.

La poussette canne.

La carriole ou cabernotte.

De la hotte au porte-bébé en tissu

Années 1930 : apparition des hottes en osier (photo à droite) pour porter les bébés, mais elles sont lourdes et peu diffusées.

Années 1980 : apparition du sac kangourou pour porter le bébé sur le ventre ; apparition à la même époque de la hotte en toile à armature métal pour porter l'enfant comme dans une sorte de sac à dos quand il a un peu grandi.

Fin des années 1990 : développement du porte-bébé en tissu, à nouer pour porter l'enfant sur l'avant (photo à gauche) quand il est très petit ou sur le dos à l'africaine quand il a grandi.

Le bébé en photos

Avez-vous des photos de votre arrière grand-père bébé ? Pas sûr... Car, il y a un siècle, l'image était rare et centrée sur l'adulte. Aujourd'hui, c'est presque l'inverse : pas de baptême, de fête, de naissance ou de réunion de famille sans photos. Et le tout petit y occupe désormais la première place...

L'essor des photos de bébé

Les premières photos de bébés sont prises par la bourgeoisie dès la seconde moitié du XIXe siècle. Dans un esprit très dynastique, l'enfant « est photographié seul ou avec ses parents, de façon stéréotypée presque solennelle, au milieu de décors théâtralisés, de meubles et de jouets onéreux » (*Bébés d'hier*, S. Sénéchal et T. Dehan).

1910 marque un tournant : la plupart des familles font faire désormais en studio une photo du bébé pour leurs proches (les clichés sont tirés format carte postale). La guerre de 1914-1918 accentue le phénomène car les épouses veulent envoyer aux maris sur le front des photos des enfants. Les clichés de mères seules avec un bébé, comme ci-contre en haut, se multipient.

Habillé ou pas, assis ou couché

Dans ces décors de papier peints, l'apparence donnée au bébé varie selon les époques. Les photos les plus anciennes montrent toujours l'enfant bien habillé, revêtu de ses plus beaux atours. Rappelons que filles et garçons étaient

La photo se fait d'abord en studio (1916 en haut et 1952 ci-dessous) puis en plein air (1955 à gauche et 1961 en bas).

Les photos en quelques grandes dates

- 1900-1910 : photos montées sur carton ou en carte postale 9 x 14.
- 1910-1930 : carte postale 9 x 14 ou papier mat marge noire 4,5 x 6.
- 1930-1940 : sur papier blanc glacé, bords déchiquetés, 6,5 x 9.
- 1935-1960 : sur papier blanc glacé, bords déchiquetés, 6,5 x 11.
- 1950-1960 : sur papier chamois ou crème, bords déchiquetés, 6,5 x 9.
- 1963-1980 : sur papier chamois ou blanc, bords droits, format 9 x 9 ou 9 x 13 cm.
- Années 1970 : polaroïd 5,3 x 5,3.
- Après 1980 : sans aucune marge, bords droits, 10 x 15 cm.

À partir des années 1950, les photos se font moins en studio : les parents se sont équipés en appareils et photographient leurs petits eux-mêmes, souvent en extérieur.

habillés en robe jusqu'à trois ans et que vous pouvez donc prendre pour une fille un joli petit garçon 1900...

Puis la mode « à l'antique » séduit. De 1907 au milieu des années 1930, les bébés sont souvent habillés par le photographe d'une simple tunique courte, attachée par un nœud sur une épaule, avec un collier d'ambre autour du cou.

À partir du milieu des années 1920, se développe en parallèle la mode des clichés de bébés nus, qui se poursuit jusqu'aux années 1950. Le bébé n'est pas assis mais allongé sur le ventre. Signalons que, à partir des années 1920, la photo du bébé s'inscrit parfois dans un ovale.

La fameuse peau d'ours

Vous souvenez-vous de ce que l'on appelait la peau d'ours ? Des années 1900 à 1950, pendant un demi-siècle, les photographes l'utilisent souvent pour mettre en scène le bébé. Cette fameuse peau d'ours, en réalité de mouton ou de chèvre, est posée sur une table ou sur un siège surélevé au milieu du studio, parfois recouverte en partie d'un tapis. L'enfant y trône assis s'il est habillé, couché s'il est nu.

L'enfant chez lui

À partir des années 1950, les appareils photos se démocratisent. Les parents se mettent à photographier eux-mêmes leur bébé. Surtout en extérieur, car les clichés se font sans flash et avec moins de réglages.

On pourrait donc croire le photographe détrôné ? Pas du tout. Il revient en force dans les années 1970 par le biais des maternités : il y passe de chambre en chambre proposer ses services et photographier le nouveau-né. Puis, dans les années 1980, le voilà aussi dans les crèches pour des photos individuelles de bébés à plat ventre ou assis sur des coussins colorés. Il immortalise aussi les groupes... ce qui donne aux parents un avant-goût des futures photos de classe de leurs enfants !

De haut en bas et de gauche à droite : bébés de 1932, 1950, 1996, 1901 et 2000.

L'évolution des choix photographiques

Avant 1910 : les familles modestes n'immortalisent que les mariages, les bébés sont absents mais les enfants jeunes sont au premier rang des photos de groupe. Seule la bourgeoisie photographie ses bébés, y compris les morts, qui trouvent leur place dans l'album de famille.

1910-1920 : l'enfant est désormais photographié en studio par toutes les familles, seul ou avec ses parents, souvent quand il atteint deux ans.

Entre-deux-guerres : les portraits de bébés se multiplient.

Après-guerre : les photos prises à la maison commencent à concurrencer puis à remplacer celles des studios. On se met à photographier les baptêmes.

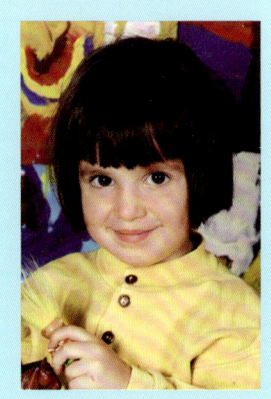

Joyeux anniversaire !

**Du chocolat, des bougies et des ballons ?...
Pas depuis longtemps.
Nos grands-parents ont eu des anniversaires bien modestes :
pas de copains et peu de cadeaux. Et leurs propres grands-parents ne fêtaient même pas leurs anniversaires !**

Aujourd'hui, pas d'anniversaire sans inviter tous les petits amis !

Un an de plus, quelle horreur !

On trouvait autrefois qu'il n'y avait pas lieu de se réjouir d'avoir vieilli d'un an... En France, dans la première moitié du XXe siècle, il était tout à fait désobligeant de demander son âge à une femme. Il aurait donc été impoli de lui fêter son anniversaire. Dans les bonnes familles, il fallait même paraître ne pas se souvenir du jour ! Seuls les dix-huit et vingt ans des jeunes filles de la bourgeoisie étaient fêtés avec faste au cours d'un bal.

Rester modeste...

La fête du prénom, c'est-à-dire du saint patron de chacun, est longtemps plus importante que l'anniversaire. Jusqu'à l'entre-deux-guerres, les cartes de bonne fête sont fréquentes mais celles souhaitant un bon anniversaire (dont celle de 1905 en page de droite) exceptionnelles. Car, depuis saint Augustin, on considère que fêter son anniversaire est péché d'orgueil, c'est accorder bien trop d'importance à sa propre personne et de valeur à la vie ici bas au détriment de la vraie vie à venir, celle auprès de Dieu après la mort. Globalement, les pays de tradition catholique restent ainsi des siècles sans fêter le jour de naissance.

La tradition protestante en revanche refuse la vénération pour les saints, donc les jours de fêtes des prénoms. Elle met très tôt l'anniversaire en avant, car cela revient à fêter le jour où Dieu nous a appelé sur terre. Le seul mouvement protestant qui ne veut pas en entendre parler est celui des Témoins de Jéhovah. Mais comme il rejette aussi les jours des saints, il n'y a pour

Tout savoir sur les bougies

● Les bougies apparaissent sur les gâteaux d'anniversaire vers le milieu du XIXe siècle en Angleterre.

● Les bougies ne deviennent habituelles en France qu'à partir des années 1950.

● Dans les années 1970 se diffusent les bougies en forme de chiffres, pour les plus petits ou pour les anniversaires d'adultes (plus besoin de tapisser le gâteau de bougies pour avoir le nombre correspondant aux années...).

● Les bougies surprises, qui ne s'éteignent pas ou qui chantent «Joyeux anniversaire», apparaissent en France dans les années 1980.

Le premier document évoquant un gateau d'anniversaire est un tableau de 1867 du peintre anglais Frederick Daniel Hardy, montrant un bébé devant une bougie plantée sur un cake.

lui ni fête ni anniversaire. Au mieux, on commémore le jour du baptême, qui est celui de la naissance spirituelle comme enfant de Dieu. Globalement donc, l'anniversaire a pris une place prépondérante dans la vie religieuse et familiale des pays anglosaxons.

L'évolution après-guerre

En France, l'américanisation des mœurs après-guerre, a revalorisé ce jour particulier. On adopte peu à peu les pratiques usuelles des États-Unis, du Canada et de Grande-Bretagne. À partir des années 1970, la fête d'anniversaire devient quasiment systématique pour les enfants, pour les adolescents, puis progressivement les adultes et grands-parents. Bougies et gâteaux s'imposent, mais les cadeaux sont au début bien modestes (on offre surtout de l'utile ou des bonbons). Pour les petits, l'événement de ce jour-là reste longtemps strictement familial : il réunit les parents et les enfants, éventuellement les papys et les mamies aussi, mais pas plus ; sauf dans les milieux citadins les plus aisés, pas d'invitations élargies aux petits camarades d'école, aux amis ou aux cousins avant les années 1990. Pour les adolescents en revanche, on organise en ville dès la fin des années 1960 des booms d'anniversaire avec la mode yé-yé et les conseils de *Salut les copains*.

Les booms de fin de siècle

Puis les films et les séries américaines diffusent peu à peu la mode de l'anniversaire à l'américaine : hordes d'enfants invités, bougies, serpentins, chapeaux pointus et ballons, voire animateur professionnel engagé pour l'après-midi. À partir des années 1990, même les petits de trois ans invitent leurs camarades de crèche ! Davantage de monde donc, mais pas plus de cœur. À Paris, les parents ne sont souvent même plus là : une baby-sitter s'occupe de tout, les petits amis sont conviés de 16 h à 18 h, leurs parents sont priés de ne pas rester, sauf le temps de déposer leurs cadeaux. Les enfants plus grands dressent la liste de ce qu'ils souhaitent recevoir. La société de consommation l'emporte sur la convivialité...

On trouve très peu de cartes d'anniversaire au début du XXe siècle, mais beaucoup de cartes de fête qu'on recevait le jour du saint patron.

L'évolution de la fête d'anniversaire en France

Avant 1914 : pas d'anniversaire, on fête essentiellement le jour du saint patron (prénom), mais sans cadeau, juste par des cartes et des bons vœux.

Entre-deux-guerres : les anniversaires d'enfants commencent à se fêter en milieu citadin aisé.

Après-guerre : les enfants ont désormais un gâteau avec des bougies. Souvent rien de plus. Les parents offrent parfois un présent très modeste ou bien des cadeaux utiles, qu'il fallait de toutes façons acheter.

1970-1990 : la société est plus riche, les cadeaux d'anniversaire plus nombreux, plus importants et l'utile cède la place aux jouets. Les plus âgés soufflent désormais eux aussi des bougies sur les gâteaux.

Après 1990 : les anniversaires s'apparentent à de mini-booms d'adultes : invités nombreux, musique et cadeaux à foison... L'enfant est devenu un roi dont il convient de fêter le jour de naissance.

Noël et sa nuit magique

Le père Noël rouge et blanc ne date guère que des années 1950 et les présents d'autrefois étaient plus modestes. Beaucoup de grands-parents d'aujourd'hui se souviennent de l'orange qu'ils trouvaient à Noël près de leurs chaussures. Il n'y avait souvent rien d'autre...

L'évolution des décors de Noël

● Bûche de Noël : décorée et mise à brûler à Noël dans les cheminées jusqu'à la Première Guerre mondiale.

● Crèche : dans les églises depuis le XIIIe siècle, elle entre dans toutes les maisons au XVIIIe. Les santons apparaissent en Provence à la Révolution.

● Couronne de l'Avent : coutume alsacienne depuis le XVIe siècle, dans le reste de la France depuis 1980.

● Sapin : décoré de pommes rouges, de papier coloré et de gâteaux puis de boules en verre et de lumière (bougies) à partir du XVIIIe siècle.

● Table : la plus belle (XVe) est celle de Provence : 3 nappes, 3 bougies, 7 légumes, 13 pains et 13 desserts.

Les ancêtres du père Noël

Jusqu'à l'entre-deux-guerres, même si le père Noël en habit rouge et blanc n'est pas encore inventé, on cache aux enfants l'origine des cadeaux. En Alsace, on dit que c'est le Christelkind qui fait la distribution. En Franche-Comté, c'est une sorte de mère Noël, la tante Arie, qui dépose les présents par la cheminée. En Auvergne, c'est le père Janvier ou le Bonhomme l'Année, parce qu'il passe au Nouvel An. Dans plusieurs régions, c'est la bûche de Noël en bois qui « pisse », « pond » ou « dégorge » ses cadeaux : tantôt les enfants doivent prier le dos tourné avant de la regarder et de trouver leurs surprises à côté, tantôt (si elle a été creusée) ils doivent la frapper jusqu'à ce qu'elle éclate et livre ses présents. Dans d'autres régions, c'est déjà un bonhomme Noël qui passe, avatar de saint Nicolas, souvent vêtu de mauve et portant la mitre et la crosse d'un évêque, ou habillé de bure comme un moine.

Le père Noël rouge et blanc, aux couleurs de Coca-Cola, n'arrive des États-Unis que dans les années 1950, avec la mode des chansons américaines.

La messe de minuit

La messe de minuit est jusqu'aux années 1960 le point d'orgue de la fête. Avant 1914, quand les cloches sonnent à toute volée pour l'annoncer, chaque famille quitte sa maison avec une lampe pour participer à la cérémonie la plus joyeuse de l'année.

Les années 1950, marquées par un déclin de la pratique religieuse, facilitent l'expansion du commercial dans la fête : sapins chargés de guirlandes aux carrefours, papiers d'emballage

Un Noël parisien des années 1950 ci-dessus, un Noël de 1955 ci-dessous.

historiés, rubans de couleur, catalogues de jouets, réveillon fastueux...

Le repas de Noël

C'est à midi, le 25 décembre, qu'a lieu autrefois le repas de fête, avant que le réveillon du 24 soir ne prenne de l'importance. Parfois, des rites règlent le repas. En Alsace par exemple, il faut un élément de l'eau (poisson), un de la terre (porc) et un du ciel (oiseau) pour évoquer l'ensemble de la Création. En Provence, on met trois nappes (la Trinité), on sert sept légumes (les sept jours de la semaine) et treize desserts (Jésus et les douze apôtres).

Les cadeaux de Noël

Sauf si les cadeaux sont livrés par la bûche, les enfants les trouvent le matin de Noël sur les chaussures laissées près de la cheminée. Parfois, ils sont posés autour de la crèche ou du sapin.

En 1900, les cadeaux faits aux enfants sont très modestes : des fruits d'hiver surtout (noix, noisettes, amandes), des pommes rouges, des gâteaux, parfois joliment enveloppés. Les jouets sont rares, réservés aux plus aisés.

Même chose pendant l'entre-deux-guerres. Les enfants ne reçoivent souvent que des Jésus en sucre et quelques oranges, fruit rare et cher à l'époque. C'est à partir des années 1960 que le nombre de cadeaux augmente de façon considérable et que le Noël religieux vire à la fête commerciale.

Noël en temps de guerre

Pendant les deux guerres, la messe de minuit et celle du 25 décembre matin sont très suivies, car les familles ont à cœur de prier pour leurs morts ou pour leurs parents prisonniers. Le curé les évoque à la fois dans son sermon et au moment de la prière universelle, mais sans citer de noms.

En 1939-1945, de nombreux maîtres ont demandé aux enfants d'écrire une lettre à un soldat prisonnier, mais cette initiative s'est moins généralisée qu'en 1914-1918, où des milliers d'écoles ont écrit aux militaires du front.

Pendant la dernière guerre, les enfants ont envoyé un cadeau (un dessin, une photo) au papa prisonnier et les familles se sont privées pour que les petits aient quand même quelques fruits ou bonbons dans leurs galoches.

Dans les pensionnats religieux, les enfants disposaient devant la crèche un petit mouton à leur nom début décembre. Le soir, s'ils avaient été sages, leur petit mouton avançait. S'ils avaient été punis, il reculait. Ceux dont le mouton n'avait pas atteint la crèche à Noël ne recevaient pas la fameuse orange en cadeau. Certains ont soupçonné les bonnes sœurs de s'être montrées plus sévères pendant les années de guerre, faute d'oranges en quantité suffisante à distribuer…

Le sapin de Noël décoré et les chaussettes (qui renvoient à saint Nicolas) sont des coutumes venues de l'Est.

Les grandes dates de la fête et de son évolution

1570 : début des marchés de Noël ou de Saint-Nicolas en Alsace. Il faut attendre les années 1990, quatre siècles plus tard, pour qu'ils s'étendent au reste de la France.

1850 : on commence à offrir systématiquement des présents aux enfants.

1869 : le mot réveillon entre dans le dictionnaire comme « un repas extraordinaire qu'on fait au milieu de la nuit, particulièrement celle de Noël » (Littré).

1871 : diffusion en Alsace des calendriers de l'Avent, une coutume venue d'Allemagne. Elle ne se répand vraiment dans le reste de la France que dans les années 1980.

Après 1945 : diffusion du sapin décoré, usuel dans l'Est depuis le XIVe siècle, à Paris depuis 1871, mais peu connu dans le reste de la France jusqu'alors.

1949 : succès du « Petit Papa Noël » de Tino Rossi. Le père Noël rouge et blanc apparaît devant les magasins.

Les jouets et les jeux

Si les jouets ont des millénaires d'existence, leur multiplication dans les familles ne date que des années 1960. Auparavant, les enfants se contentaient de peu et, si un beau jouet leur était offert, ils en prenaient le plus grand soin. Les parents le réparaient s'il était cassé.

Les jouets d'avant 1914

Avant 1914, si quelques cadeaux sont offerts à la naissance (ce qui est rare), il s'agit plutôt de layette que de jouets. Le hochet est l'un des premiers qu'on donne. En 1900, une industrie du jouet s'est cependant développée, dont les produits sont présents dans les grands magasins et leur catalogues de Noël, dans les bazars et sur les trottoirs : poupées ressemblant à des petites filles, soldats de plomb, jouets en papier mâché et cheval à bascule sont les plus appréciés. Les tout premiers jeux éducatifs font leur apparition.

Tous ces jouets restent rares et chers. Ils ne concernent que les enfants des villes les plus aisés. Mais ceux de la campagne peuvent avoir un père habile sachant tailler dans le bois un cheval-bâton, une épée ou une petite brouette, une maman qui sait coudre une poupée de chiffon.

En haut : deux belles poupées en porcelaine de 1903 et 1907. Ci-dessous : un jeu de lego multicolore, inventé en 1949.

L'évolution des poupées

● Jusqu'en 1850, les poupées ont des têtes en chiffon à la campagne, en bois tourné ou en papier mâché en ville, avec un corps en cuir bourré de son ou de sciure peu souple. On les appelait des Pauline.

● En 1875, apparaissent les fameuses poupées à tête de porcelaine, yeux émaillés et corps de carton.

● Vers 1920 sont créés les premiers baigneurs, aux formes de bébés nouveau-nés potelés. Ils sont lavables (d'où leur nom) et sont en celluloïd.

● À partir des années 1950, le celluloïd est remplacé par le plastique aux formes plus variées.

● Dans les années 1960 arrivent en France les poupées américaines Barbie aux corps d'adultes.

L'entre-deux-guerres

Avec la guerre arrive la grande mode des tricycles, mais aussi celle des baigneurs en celluloïd. Le succès de ces poupées aux formes de gros bébés est dû à leur matière, qui les rend vraiment lavables (plus besoin de faire semblant comme avec les poupées au visage de porcelaine et au corps de cuir). Succès ne veut pas dire abondance. Les fillettes ont en général une poupée, pas dix. Et les plus modestes, qui n'en ont pas du tout, s'en font tous les étés avec des épis de maïs si elles vivent à la campagne : les longs filaments blonds imitent une chevelure, il suffit de dessiner deux yeux et une bouche et le tour est joué ! Si les grands parents d'aujourd'hui disent si souvent aux enfants « À ton âge, je jouais avec un rien », c'est parce qu'ils avaient bien peu de choses, mais que l'imagination remplaçait tout. Un bâton, un tas de sable... et des heures de jeux s'annonçaient !

La révolution du plastique

L'avénement du plastique à partir des années 1960 permet la multiplication des formes et des couleurs. Les baigneurs en celluloïd (matière inflammable) sont remplacés et deviennent plus performants : non seulement les yeux se ferment, mais, dans les années 1970, la poupée parle, boit, fait pipi...

Les Barbie révolutionnent tout : on ne joue plus à la maman avec une poupée en forme de bébé ou de petite fille, on invente des histoires de princesses ou de belles dames avec ces mannequins à la garde-robe très étendue. À la fin des années 1990, on vend ainsi en France chaque année plus de poupées Barbie que de brosses à dents...

De l'extérieur à l'intérieur

Après guerre, les jeux d'intérieur se multiplient car les Français sont devenus des citadins. Le Monopoly s'implante dans les années 1960, en même temps que le Mille-Bornes dans une société où l'automobile devient reine. Chaque année voit l'arrivée de nouvelles inventions remplaçant, avec plus ou moins de succès, les traditionnels jeux de cartes, de l'oie, de nain-jaune ou de petits-chevaux parfois vieux de plusieurs siècles.

Patins à roulettes de 1970.

Un vélo d'enfant de 1936.

L'apparition et l'évolution des ours en peluche

1906 : apparition en France des premiers ours en peluche, créé fin XIXᵉ siècle aux États-Unis.

1906-1930 : les premiers ours ont de longues pattes avant mais des pattes arrière courtes, un museau pointu et une bosse dans le dos à la ressemblance de l'animal. Ils sont en mohair avec des yeux en bouton de bottine. L'intérieur (paille ou sciure de bois) est plutôt dur.

1930-1940 : les pattes s'allongent encore et le corps s'amincit (à gauche : ours de 1934).

1940-1960 : les pattes raccourcissent, le museau s'aplatit et les couleurs beiges ou brunes rappelant le vrai pelage disparaissent au profit de toute la gamme des couleurs.

À partir de 1960 : diffusion des fourrures synthétiques lavables, une révolution pour les jouets. Les formes se font toujours plus rondes et les matières plus mœlleuses.

L'école et les copains

Les cartables de la rentrée

Le cartable, symbole du « grand qui va à l'école » n'a pas toujours existé. Il était par ailleurs moins chargé qu'aujourd'hui, avec un contenu très différent. Zoom sur les cartables d'hier et leurs trésors cachés...

De la plume d'oie au stylo Bic

- Première moitié du XIXᵉ siècle : la plume d'oie domine, mais la plume métallique fait son apparition.
- 1850 : Jean-Benoît Mallat lance des plumes en acier qui font fureur.
- Second Empire : création des plumes sergent-major.
- 1860-1870 : apparition du buvard (on utilisait auparavant de la poudre ou de la sciure pour sécher l'encre).
- Fin XIXᵉ : les encres noires, qui corrodent trop vite les plumes, sont remplacées par des encres bleues ou violettes. Chacun apporte son encrier.
- 1965 : le stylo Bic, inventé en 1950, obtient par décret l'autorisation d'être utilisé dans les écoles.

Avant 1914

Les premiers cartables sont fabriqués par les parents ou un artisan du village, en forme de musette ou de gibecière, imitant les sacs à gibier des chasseurs. Portés en bandoulière, ils laissent les mains libres. Ils sont en toile, parfois renforcée par du carton ou du cuir et brodée au point de croix par la mère de famille. On peut les trouver en cuir, avec des poches doubles se rabattant en portefeuille, et d'une solidité permettant son utilisation successive par plusieurs enfants. Dans les régions au climat rigoureux, il existe même des cartables en bois : dans les Alpes par exemple, les enfants d'autrefois dévalaient l'hiver la pente vers l'école en s'asseyant sur la mallette en bois fabriquée par les parents, mallette qui leur servait à la fois de cartable et de luge ! On trouve aussi des paniers en osier, mais pour les filles (car ils sont moins solides et ne résisteraient pas à des « jeux de garçons »). La grande règle, dans une société qui reste pauvre, c'est que chaque enfant utilise surtout ce qu'il a sous la main.

L'entre-deux-guerres

Même si les sacs de fabrication familiale existent toujours, le cartable en carton bouilli est le grand succès de la communale de l'entre-deux-guerres. Solide et peu coûteux, il se cire et s'entretient comme du cuir. Les plus gros peuvent se porter sur le dos, utilisés par les enfants qui viennent de loin et ne peuvent rentrer déjeuner chez eux. Certains cartables deviennent des supports publicitaires pour les grandes marques de chocolat et de biscuits : Poulain, Petit Lu...

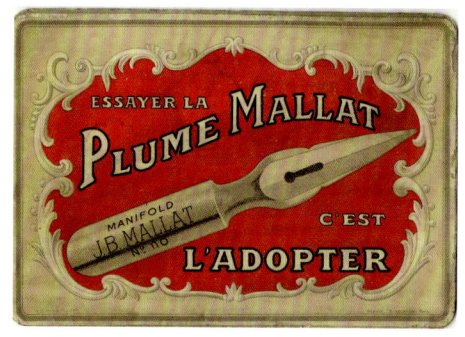

La seconde moitié du XXᵉ siècle

Le succès du cartable en carton bouilli avait fait disparaître les sacs portés en bandoulière ou sur le dos. Mais la mode en revient dans les années 1980-1990, avec l'accroissement du nombre de livres, du poids des manuels et la généralisation des cantines (les petits doivent partir le matin avec le matériel de toute une journée). Il devient donc sac à dos ou valise, tiré sur des roulettes. Les trois modèles coexistent aujourd'hui, tous achetés en magasin (la fabrication maison appartient au passé). Ils sont devenus des produits publicitaires aux marques diverses, celles de la dernière poupée ou peluche à la mode, celles d'une gamme de vêtements ou de chaussures de sport... Les écoliers d'aujourd'hui deviennent les jouets de la publicité, payant plus cher un cartable devenu affiche.

Repas et jeux dans le cartable

Bien sûr, dès le départ, le « cartable » ne contient pas que les affaires d'école. On y trouve les billes, les marrons, les lance-pierres, la corde à sauter... bref : tout le nécessaire aux récréations, ainsi que de quoi manger le midi pour les enfants des hameaux, puisqu'il n'y a quasiment pas de cantines en zone rurale avant les années 1950.

Le matériel d'écriture

L'écolier apporte ses plumes et buvards et, jusqu'à l'entre-deux-guerres, son encrier. Le porte-plume, rustique, en bois, prend place dans un plumier, lui aussi de bois (parfois peint et verni à partir des années 1920-1930) ou de métal, qui sert de fourre-tout.

Finalement, tout cela disparaît au profit du stylo à la fin des années 1960. Les années 1970 marquent l'hégémonie absolue du Bic (qui existe à partir de ce moment-là en version quatre couleurs). L'apparition du plastique aidant, les modèles, les formes, les couleurs se multiplient aussi pour les trousses qui détrônent les plumiers pour stocker tous les petits outils (et les petits trésors) des écoliers.

Ardoises, cahiers et livres

Les ardoises se transmettaient au XIXe siècle d'une génération à l'autre. Un temps révolu à l'ère du jetable. On est passé de l'ardoise noire avec une craie blanche à l'ardoise noire avec des craies de toutes les couleurs et, depuis les années 1980, à l'ardoise blanche avec ses feutres effaçables multicolores.

Quant aux cahiers, ils sont apparus avec Jules Ferry. Cahiers de dictées, de verbes, de style, d'écriture, de mathématiques, de dessins, il y en a autant que d'exercices scolaires et sous deux formes : cahiers de brouillon et cahiers propres. À partir de 1900-1910, ils sont fournis par le maître. Imprimés à son nom et à celui de l'école, ils comportent au dos le rappel des tables de multiplication ou des unités de mesure. Dans les années 1950 on demande aux parents de les acheter et ils sont de meilleure qualité. Avec l'apparition du plastique, les protège-cahiers font leur percée et remplacent le papier journal dont les enfants des générations précédentes entouraient leurs cahiers.

Ci-dessus : un cartable en carton bouilli de l'entre-deux-guerres, deux ardoises de la même époque (percées pour s'accrocher à des clous au mur de l'école) et des craies de couleur d'aujourd'hui (l'écolier n'utilisait que des blanches autrefois). Ci-dessous : une trousse des années 2000 et un plumier en bois de 1960.

Les grandes dates de l'évolution du cartable

Avant 1882 : pas de cartable. On travaillait avec le matériel présent en classe.

Après 1882 : apparition fréquente, avec les lois Jules Ferry, d'un sac d'école en bandoulière pour les garçons ou d'un panier en osier pour les filles (voir le dessin des deux écoliers en page de gauche).

Entre-deux-guerres : large diffusion du cartable en carton bouilli (photo du haut) ou en cuir (ci-contre à droite) pour les plus fortunés. À main ou à sangles.

1970-1980 : à cause du nombre de livres qu'il contient désormais, le cartable devient sac à dos, souvent marqué comme un objet publicitaire.

1980-1990 : développement, toujours à cause du poids des livres, du cartable à roulettes pour les plus petits.

La salle de classe

On passe en un siècle de tables-bancs alignant trois ou cinq élèves à des tables prévues pour un seul puis pour deux écoliers, d'un décor austère à des murs décorés de cartes et d'affiches pédagogiques puis égayés par les dessins des enfants eux-mêmes...

Les tables et les chaises

Dans les années 1900, les enfants sont installés comme ci-dessus, en ligne sur des tables-bancs d'un seul tenant. Puis le matériel se sophistique : table avec chaise associée, simple ou double pour un ou deux élèves, pupitre plus large offrant un espace de travail plus vaste et faisant office de coffre ouvrant pour y loger les livres, ou bien comportant une étagère sans rebords au-dessous, emplacement percé pour un encrier, rectangle creusé pour poser le porte-plume sans qu'il roule...

L'estrade du maître

Le maître trône avant 1914 derrière un bureau monumental, perché sur une estrade élevée : il faut plusieurs marches pour y monter et certains instituteurs pouvaient même enfermer les cancres sous l'estrade ! Dès l'entre-deux-guerres, la pédagogie met en avant la proximité nécessaire entre le maître et l'élève et les dimensions de l'estrade et du bureau se réduisent.

Combien de temps dans la salle de classe ?

● De Jules Ferry à 1969, l'écolier a cinq jours de classe, soit un total de trente heures de cours (trois heures le matin, trois l'après-midi). Le samedi entier est un jour d'école comme les autres, les jours de congé sont le jeudi et le dimanche.

● 1969 : les cours de l'après-midi du samedi sont supprimés.

● 1972 : pour mieux répartir les temps libres, le jour de congé de mi-semaine passe du jeudi au mercredi.

● À partir de 1989 : on tente ici et là de mettre en place des semaines de quatre jours (soit 24 heures de cours), mais le samedi matin n'est supprimé (provisoirement ?) qu'en 2008.

Sur cette page : une salle de classe des années 1900 (en haut à gauche), une de 1998 et deux des années 1950 avec, dans les tables, les encriers rechargés par les maîtres.

Le matériel de base

Pour les instituteurs des années 1900, le matériel indispensable se résume à peu de choses : « une pendule et une cloche [pour sonner la fin des cours ou des récréations], un tableau noir [mural ou posé sur un simple chevalet], des cartes géographiques sur toile, un tableau mural des poids et mesures et une armoire-bibliothèque ».

Les murs et leurs décors

Les années 1870-1880-1890 avaient vu la construction d'écoles très hautes de plafond, avec d'immenses fenêtres, bâties comme « des palais du savoir ». À l'intérieur, des barrettes de bois sont fixées sur les murs à hauteur des yeux des enfants et piquées de clous : le maître peut y suspendre des petites planchettes pédagogiques. Hautes de 60 cm, en carton imprimé recto-verso, elles portent sur l'orthographe ou sur l'arithmétique. L'entre-deux-guerres voit se multiplier les affiches pédagogiques sur l'histoire, les sciences, la morale... De grande taille, elles sont fixées à des clous ou sur des chevalets.

À partir des années 1950 et surtout 1970, on recouvre souvent de liège le bas des murs jusqu'à 1,20 ou 1,50 m de haut : il est facile d'y punaiser affichettes, documents divers ou dessins.

Le chauffage

L'époque où les écoles n'avaient pas de chauffage est oubliée au XXe siècle. Chaque classe est équipée d'un poêle en faïence ou en fonte. Il est alimenté en bois ou en charbon fourni par l'administration mais aussi par les familles en période de guerre, faute d'approvisionnement de l'école (ou lorsqu'on n'a livré que de la sciure de bois). Les élèves ou le maître peuvent mettre à réchauffer sur le poêle leurs gamelles du midi, dont les bonnes odeurs donnent alors faim à toute la classe. Enfin, à tour de rôle, des élèves sont chargés le soir de le nettoyer et d'enlever les cendres.

Les systèmes de radiateurs et de chauffage central ne sont mis en place que vers les années 1960.

Ci-dessus : une classe des années 1970-1980, avec les fluos au plafond et le bas des murs couvert de liège pour punaiser affiches et dessins. Ci-dessous : une classe de maternelle des années 2000.

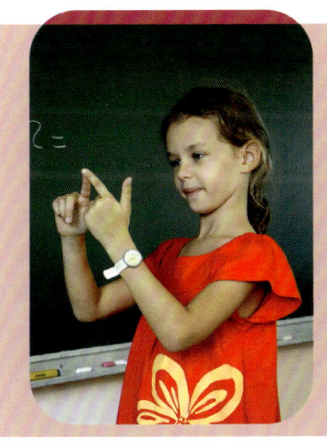

L'évolution de la classe et de son matériel

1900 : des affiches publicitaires (notamment des chemins de fer) sont offertes pour décorer les classes. Elles s'ajoutent aux cartes géographiques déjà présentes.

Entre-deux-guerres : des affiches éducatives sont désormais présentes. La bibliothèque de la classe s'étoffe, même dans les petites communes. Enfin les élèves n'ont plus besoin d'apporter leur encrier, il y en a un à demeure dans chaque table, rempli par le maître ou un élève désigné à l'aide d'un bidon d'encre.

Années 1960 : dans les petites classes, les dessins des élèves décorent de plus en plus souvent les murs.

Année 1970 : à côté des traditionnels crayons de bois, les feutres sont désormais autorisés.

Fin des années 1990 : les tableaux blancs et feutres effaçables commencent à remplacer, pour les classes de primaire, les habituels tableaux noirs... en attendant les tableaux numériques du XXIe siècle !

Les jeux de la récréation

Il y a des jeux qu'on gardait chez soi, poupées ou petits soldats de plomb par exemple, d'autres auxquels on jouait plutôt en dehors de l'école, comme colin-maillard, d'autres enfin qui régnaient sur la cour de récréation comme les billes, les cordes à sauter ou les marelles...

Les grands classiques

Les billes sont, par excellence, le jeu des garçons dans la cour d'école pendant les récréations. Chaque écolier possède un sac à billes, rangé dans une des poches de sa culotte ou un coin de son sac. Jadis, ces billes étaient le plus souvent en terre cuite pour les moins fortunés, la belle agate, en verre transparent et au cœur coloré, restant l'apanage des plus riches. Selon les régions ou les conventions de jeu, les gagnants empochent les billes des perdants ou bien chacun récupère son bien en fin de partie. Autres jeux classiques : la marelle (ci-contre à gauche) et la corde à sauter pour les filles. Pour la marelle, une craie et un caillou suffisent si la cour est goudronnée, un caillou et un bâton pour tracer les lignes si elle est en terre battue. Et c'est parti !

Quant à la corde à sauter, elle s'utilise en solitaire ou bien en groupe, notamment avec sa déclinaison en jeu à l'élastique.

Les jeux oubliés

Colin-maillard se pratiquait assez largement dans les années 1900, mais a plutôt disparu aujourd'hui, en tous cas de nos écoles. Même chose pour les courses à cloche-pied, la toupie et

les osselets, qui sont beaucoup moins à la mode à la fin du XXe siècle qu'au début. Les osselets étaient de toutes façons plus fréquents à la campagne qu'en ville puisqu'on utilisait autrefois de véritables petits os tirés du pied des moutons. Le jeu a failli renaître dans les années 1970-1980 quand les osselets ont été fabriqués en matières plastiques de toutes les couleurs, mais d'autres petits jeux d'adresse du même type (voir paragraphe suivant) les avaient entretemps supplantés.

La toupie est d'usage courant avant 1914. Elle fait honneur à l'écolier qui l'a fabriquée de ses mains et a su équilibrer sa rotation. Elle se fait tourner à la main, à la ficelle ou bien au fouet. Celle d'aujourd'hui, toute lisse et très colorée, toujours achetée en magasin et usinée industriellement, n'a plus vraiment le même succès. Parfois musicale, elle amuse surtout les plus petits.

Un jouet totalement oublié (si l'on oublie sa réapparition sous forme de hula-hoop en 1958-1959), c'est le cerceau. Filles et garçons y jouaient au début du XXe siècle, mais cette activité ludique a progressivement disparu.

Les grandes dates de la récréation

- 1866 : Victor Duruy prescrit de couper chaque demi-journée de classe par un repos de dix minutes à un quart d'heure.

- 1882 : Jules Ferry reprend à son compte cette recommandation et inscrit dans la législation scolaire le terme de « récréation ». Les enfants doivent arriver dix minutes avant le début des cours, ce qui crée aussi une sorte de récréation de début de matinée.

- XXe siècle : le développement du repas de midi pris sur place (apporté par l'élève puis proposé par la cantine) implique deux récréations supplémentaires, avant et après le déjeuner.

Les nouveaux petits jeux

L'apparition du plastique développe de nouveaux jeux dans les cours des années 1960-1970. Vers 1965 apparaissent pour les fillettes les balles au pied (ou *jumping ball*). Vous en souvenez-vous ? Il s'agit d'une petite balle ronde de plastique coloré qu'on attache à la cheville par une cordelette nylon puis qu'on lance ; on doit sauter et la faire tournoyer autour de soi le plus longtemps possible sans se prendre dans le fil avec la jambe restée libre...

Le tac-tac et ses deux boules sonores viennent ensuite agacer les oreilles des instituteurs dans les années 1970. Quant au traditionnel jeu de puces, avec des jetons, il se renouvelle avec des puces sphériques qui s'applatissent puis sautent d'un coup en reprenant leur forme initiale. Ces puces souples, coqueluche des années 1980, cèdent la place aux pogs en carton rigide illustré en 1995-2000.

Les ressorts arc-en-ciel font quant à eux fureur en 1980-1990 : les enfants leur font descendre les escaliers de l'école ou se les passent autour du bras en guise de bracelets géants.

Les jeux de groupe

Si la cour de récréation est grande, avec un préau et quelques arbres, le jeu de cache-cache s'y pratique volontiers.

Des jeux de billes (ci-dessus en 1935) et (ci-dessous) les jeux d'adresse des cours de récréations : scoubidous et ressorts.

Un autre jeu de groupe, recommandé dès Jules Ferry parce qu'il était universel, développé sous l'impulsion des instituteurs à des époques où il n'y avait guère de salles de gymnastique, est la balle au prisonnier. Tous les écoliers y ont joué !

Connu aussi sous l'appellation de jeu du loup, chat perché (avec sa version tardive de chat-glacé) a animé un siècle de courses-poursuites dans les cours de récréation. Même chose, sous des noms qui peuvent varier, avec l'épervier, le facteur n'est pas passé (appelé également jeu du mouchoir ou jeu de la chandelle), le fermier dans son pré, le béret mis au milieu, un deux trois soleil, poules renards vipères...

Chronologie de quelques jeux de cour de récréation

Billes, marelle, toupie, corde à sauter, cache-cache, yo-yo, osselets : ils existent tous depuis l'Antiquité, bien avant l'école elle-même !

Hula-hoop : invention de 1958, qui a fait fureur quelques années.

Tac-tac ou tacatac : à partir de deux boules plastiques fluo au bout d'un fil, ce jeu des années 1970 faisait un vrai bruit de mitraillette ! Détesté des parents et des instituteurs, ce jeu bruyant a vite disparu.

Jump-jumper : ballon cerclé d'un anneau sur lequel on tenait l'équilibre le plus longtemps possible. Années 1980-1990.

Pog : rondelle de carton imprimée, à collectionner ou utilisée en jeu d'adresse dans les années 1995-2000.

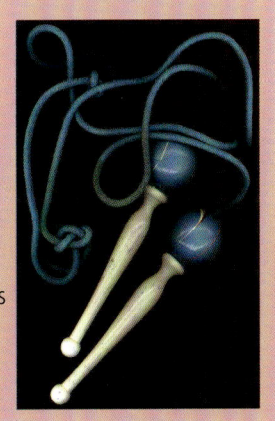

Bons points et bonnet d'âne

L'école d'autrefois a un réel rôle social à travers un système de notation et de récompenses efficaces. Les instituteurs de la IIIe République ont à cœur de repérer les bons élèves auxquels les familles ne pourraient pas, sans leur aide, offrir des études longues. L'école constitue alors un véritable ascenseur social.

Un peu d'histoire autour des notes

- Jusqu'en 1969, les écoliers sont notés de 0 à 10 ou de 0 à 20 pour leurs devoirs. Un classement trimestriel résultait des interrogations, des dictées et des exercices en classe.

- Le 6 janvier 1969, une circulaire ministérielle supprime tout système de notation et de classement. Les évaluations sont échelonnées sur cinq lettres, A, B, C, D et E.

- Ce système impraticable et démotivant, qui empêche de constater les progrès, est peu à peu abandonné. On revient aux notes un peu partout.

- Le 23 avril 2005, une loi remplace à nouveau les notes par un « livret de compétences » : impossible d'analyser et de comparer les élèves, les écoles, les maîtres... et les progrès.

Les récompenses...

La louange, l'éloge et les félicitations représentent les récompenses les plus courantes de l'école d'autrefois. Elles sont attribuées pour une leçon bien lue, pour un devoir bien fait, pour la bonne tenue et l'attention silencieuse en classe. Bons points, témoignages de satisfaction, cartes de premier, billets d'honneur et belles images s'y ajoutent. L'école célèbre ainsi le devoir de persévérance et l'obligation de résultat. À l'élève travailleur mais moins doué, le maître donne des devoirs le soir après la classe, car il s'agit d'encourager le mérite, pas seulement la réussite.

Le bon point reste la marque du premier, la plus importante auprès des écoliers car, au bout de cinq ou de dix selon les écoles, l'enfant gagne une image. Certaines écoles distribuent aussi une croix d'honneur, épinglée chaque semaine sur la blouse du meilleur de la classe. D'autres affichent les noms des élèves en tête de classement sur un tableau d'honneur dans l'entrée de l'établissement. Enfin, les prix remis en fin d'année lors de la fête d'école valorisent le travail scolaire aux yeux de tous.

L'institutionnalisation du bon élève, ses distinctions scolaires, l'appui de l'instituteur pour qu'il puisse poursuivre ses études et progresser dans l'échelle sociale, tout cela est devenu un point essentiel de la mythologie de la première moitié du XXe siècle : la famille est fière de la reconnaissance scolaire qu'elle ne reçoit pas toujours de son milieu social ; l'enfant développe une saine ambition ; l'instituteur permet à la nation républicaine de bénéficier des meilleurs talents parce

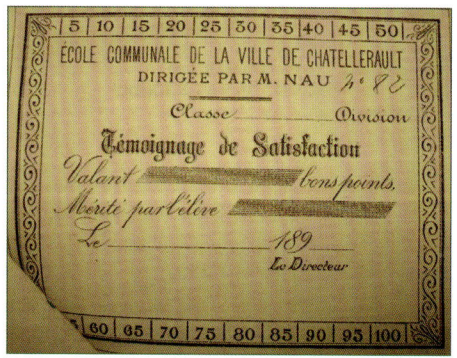

qu'ils auront été reconnus et valorisés. Il faudra quelques décennies avant que ces valeurs républicaines ne soient remises en question et que leur dessèchement ne provoque un mal-être. L'école de Jules Ferry reste encore pour tous un mythe, une nostalgie, le rêve perdu d'une école paisible et stable.

... et les punitions

Même s'il est interdit de frapper un élève depuis une décision administrative de 1834, les instituteurs mettent longtemps à passer de la théorie à la pratique ! Tous ceux qui sont allés à l'école primaire avant 1970 se souviennent d'oreilles ou de tignasses tirées (pas toujours les leurs, mais il y avait souvent un camarade agité ou paresseux qui n'y échappait pas).

Certains se rappellent certainement aussi qu'on mettait les moins sages au piquet ou à genoux pendant la durée de la classe, qu'on pouvait recevoir un coup de règle sur les doigts, porter autour du cou un écriteau mentionnant la nature de la faute ou sur la tête le traditionnel bonnet d'âne. Quelques maîtres plus tendres (?) se contentaient de distribuer des « mauvais points » (l'inverse des bons) privant l'élève de récréation au bout de cinq. D'autres demandaient à l'élève de copier pour le lendemain 50 ou 100 lignes, à la fois pour le punir et pour l'éduquer. « L'année des bourses, raconte Pierre-Jakez Hélias, né en 1914, dans son livre *Cheval d'orgueil*, je me vois infliger la conjugaison à tous les temps et tous les modes du verbe dactylographier, cette horreur. Que je dactylographiasse, que nous dactylographiassions ! Tout premier de classe que je sois, j'ai mille misères à conjuguer le verbe dactylographier ! ».

Dans les années 1960, les punitions se font plus douces. Coups et bonnets d'âne sont remplacés le plus souvent par des retenues : l'élève puni reste en classe après l'école, pour rédiger des lignes le plus souvent, tandis que le maître reste présent pour corriger les cahiers du jour ou préparer les leçons du lendemain à son bureau tout en le surveillant. À partir de 1970 enfin, tout châtiment est définitivement discrédité et interdit aux maîtres sous peine de sanctions. Les écoles maintiennent cependant les blâmes dans les cahiers de correspondances avec les parents ou les sanctions administratives en cas de faits graves.

Lignes à écrire à la craie au tableau ou à l'encre dans son cahier et bonnet d'âne (appelé bonnet de vache en Bretagne) font partie de l'arsenal traditionnel des punitions.

L'histoire des punitions scolaires

1834 : le statut officiel de l'instituteur, publié par le ministère, précise que : « les élèves ne pourront jamais être frappés ».

1990 : le port d'un bonnet d'âne ou d'un écriteau est assimilé à de la maltraitance et est dorénavant interdit. Même chose pour la retenue ou la privation d'une récréation complète (la privation partielle reste autorisée à condition qu'elle ne dépasse pas la moitié de la durée de la récréation).

2000 : le Bulletin officiel du ministère du 13 juillet proscrit aussi les lignes de punition. Mais les sanctions disciplinaires appliquées par le chef d'établissement existent toujours : avertissement, blâme ou exclusion temporaire.

À la cantine

La nécessité de construire des cantines s'est imposée peu à peu au cours du XXᵉ siècle. Aménagée tardivement et longtemps de façon précaire, la cantine trouve finalement des locaux adaptés et devient un lieu de sociabilité.

Sur le pouce

Autrefois, le repas du midi n'est pas toujours bien organisé. Il est bien souvent avalé sous le préau, sous le porche de l'église, dans une grange, parfois dans la classe près du poêle, si le maître le permet. Les élèves consomment un repas froid contenu dans une gamelle. Les cantines sont rares dans les communes rurales avant 1945.

Dans son sac, le casse-croûte composé de tartines de pâté, d'un quignon de pain avec un œuf, un morceau de fromage mou ou de éclats de chocolat, se confond avec livres et cahiers, sans oublier un flacon de vin ou de piquette coupé à l'eau. Jamais d'eau pure, signe de pauvreté inavouable ! Le repas est d'une composition quasi-immuable. Les écoliers mangent vite pour avoir le temps de s'amuser, la figure encore barbouillée.

Tambouilles collectives

En hiver à la campagne autrefois, quelques parents s'arrangent avec des familles du bourg pour que leurs enfants mangent un repas chaud, à l'abri des courants d'air. Une soupe est préparée chaque matin avec des légumes apportés tour à tour par les parents. Toute la matinée, la soupe mijote sur le poêle de l'école, tout en répandant une bonne odeur. Ainsi, à midi, les enfants des fermes éloignées ont une soupe chaude avant d'attaquer leurs tartines. Un bon moyen

La législation sur la restauration scolaire

- 1936 : obligation de construire un réfectoire dans toute école neuve.
- 1946 : il n'y a encore que 11 000 cantines en France (sur 36 000 communes). Les enfants français sont au 3ᵉ rang des plus mal nourris en Europe, avec une stature en baisse.
- 1965 : le concept de « restaurants d'enfants » est défini par circulaire.
- 1972-1975 : préparations des plats, transports alimentaires et moyens de conservation sont réglementés.
- 1978 : suppression de l'obligation de surveillance des cantines par les instituteurs.
- Années 1980 : sous-traitance croissante à des sociétés extérieures.

d'apprendre à manger de tout sans rechigner. « Les deux pensionnaires, aux meilleures places, sur leurs escabeaux, nous autres assis sur les talons, nous formions demi-cercle autour de grandes marmites, pleines jusqu'à bord et lançant de petits jets de vapeur, avec des bruits de pouf, pouf, pouf. Les plus hardis, quand les regards du maître étaient tournés ailleurs, piquaient de la pointe du couteau une pomme de terre cuite à point et l'adjoignaient à leur morceau de pain ; car il faut dire que si dans mon école on travaillait peu, du moins on y mangeait beaucoup. C'était l'usage courant que de casser quelques noix et de grignoter son croûton en écrivant sa page ou en alignant ses chiffres. »

Commentaires d'inspecteurs

L'école de la République est bien sûr soucieuse de transformer les écoliers en citoyens robustes, aptes en cas de nécessité, à défendre la patrie. De façon inégale et à des vitesses variables, les communes améliorent les conditions d'accueil et de restauration des enfants. Dans le baraquement de deux pièces, l'école de la Mondie (Vienne) ne possède ni eau ni cantine avant-guerre. Dès 1937, l'inspecteur d'académie incite pourtant à la création des cantines et le

sous-préfet de Montmorillon sert de relais auprès des communes : « Il n'est pas rare que nos enfants parcourent, par tous les temps, plusieurs kilomètres. Pendant la mauvaise saison, un repas chaud s'impose à midi et une tasse de lait chaud avant le retour du soir. En effet, de précédents conseils de révision m'ont permis de constater l'état physique défectueux de nombreux jeunes de la campagne... ».

Le grand essor des cantines vient après guerre, avec des repas chauds d'abord préparés et servis par une cantinière, puis souvent sous-traités à des sociétés extérieures. Entre 1975 et 2000, le nombre de repas fabriqués à l'extérieur a été multiplié par 4,5. Puis le self-service trouve aussi sa place, même en primaire.

En haut : la cantine d'une école de Berck-Plage en 1904. Au-dessous : une cantine de maternelle en 1968. En bas : self-service de 2000.

Quelques informations sur les cantines...

Après guerre : les cantines se multiplient, leur architecture s'uniformise.

1956 : le vin est interdit en milieu scolaire pour les moins de quatorze ans.

Années 1960-1970 : les objets se standardisent, c'est la grande époque du pichet métal et du verre incassable Duralex avec son chiffre (1 à 50) inscrit au fond. Entre deux plats, les enfants jouent : « Tu as quel âge ? », et s'amusent à vieillir ou rajeunir en fonction du numéro du verre.

Années 1990 : apparition des plats cuisinés tout faits.

2000 : un enfant sur deux prend désormais son repas de midi à la cantine. 40 % des repas sont sous-traités à l'extérieur en primaire.

Le soir après l'école

Que fait l'écolier le soir après l'école ? Beaucoup de choses, dont les fameux devoirs de classe pour le lendemain. Mais pas seulement. Il goûte, il joue et, pendant long-temps, il aide à sa mesure les parents aux travaux de la maisonnée.

Les activités du soir dans les années 1920-1930

● Faire ses devoirs d'école.

● À la campagne, participer aux travaux quotidiens : donner du blé aux poules, de l'herbe aux lapins, ramasser les œufs pondus dans la journée, rapporter du bois ou du charbon pour le feu, cueillir les fruits, mettre la table, essuyer la vaisselle... autant de tâches que les plus jeunes pouvaient accomplir sans difficulté et qu'on faisait souvent en chantant.

● Pour les garçons : lire « Pierrot », aider au jardin, aller à la pêche...

● Pour les filles : lire « Lisette » ou « La Semaine de Suzette », recoudre boutons, ourlets ou chaussettes, broder au point de croix un porte-serviette ou un napperon...

Les devoirs de classe

Les devoirs à la maison sont aussi anciens que l'école. Ils sont appréciés, sinon par l'enfant, du moins par les maîtres et les parents.

Pour les instituteurs consciencieux, donner des exercices aux élèves pour qu'ils mettent en pratique les leçons du jour est la meilleure façon de les faire progresser : on n'apprend pas en ne faisant rien. Pour les parents les devoirs ont le grand mérite d'occuper le temps libre de l'enfant. « Tant qu'il travaille sur ses cahiers, il ne fait pas de bêtises », disaient certains autrefois. Une circulaire du 29 décembre 1956 supprime les devoirs à la maison. L'interdiction ne porte que sur les travaux écrits, mais elle est très peu respectée. Le ministère doit la rappeler en 1962, 1964, 1971, 1986 et 1990 – sans changer de position devant la baisse continue du niveau scolaire...

Les enfants, on l'a vu, n'avaient guère de chambre à eux avant les années 1970. S'ils en avaient une, elle était rarement chauffée l'hiver. Les devoirs se faisaient donc le plus souvent dans la salle de séjour ou simplement sur la table de la cuisine. Dans cette pièce à vivre où tout le monde circulait avant le dîner, les frères et sœurs pouvaient s'entraider, la mère ou une grand-mère faire réciter les leçons.

D'abord le goûter

Avant les devoirs, hier comme aujourd'hui, l'enfant goûte en rentrant de l'école. Dans la première moitié du siècle, le goûter c'était du pain. Avec quelque chose

dessus bien sûr. Du fromage ou bien du beurre salé. Ou alors on râpait du chocolat noir sur la tartine de beurre. L'été, le grand plaisir était de croquer des fraises écrasées sur du pain frais. Pas de jus de fruits, ni de pain au chocolat quasi quotidien, ni de barres industrielles aux céréales ou au chocolat avant les années 1970.

Pendant les périodes de guerre en revanche, peu de goûter, voire pas du tout pour les enfants citadins. Une Parisienne se souvient que, dans les années 1940-1944, elle se cachait souvent dans les toilettes pour que sa mère ne la voit pas pleurer de faim.

Les commissions

Entre le goûter et les devoirs, ou après ceux-ci, les parents envoyaient autrefois les enfants faire les commissions, c'est-à-dire les courses. Le pain chez le boulanger voisin bien sûr. Mais aussi le lait et quelques autres produits chez l'épicier car, avant les années 1960, il n'existait ni réfrigérateur ni grandes surfaces, les produits frais s'achetaient tous les jours.

Les jeux

On prend bien sûr aussi le temps de jouer. Mais les enfants n'allaient guère les uns chez les autres avant les années 1980 : « On ne fréquente pas ces gens-là, ils ne sont pas de notre monde » ou bien : « Accueillir un autre enfant, c'est trop de responsabilité s'il arrive quelque chose... ». Bref, on restait entre frères et sœurs ou seul avec ses parents (ses grands-parents souvent aussi car ils partaient peu en maison de retraite). Les jeux de société les plus fréquents en famille étaient les petits chevaux, les dames et le nain jaune.

Les garçons aimaient aussi beaucoup pêcher, même (ou peut-être surtout) pendant la guerre. Un Tourangeau se souvient qu'il pêchait à la ligne lors des bombardements : « Rentre vite », criait sa mère, « Mais ça mord ! », répondait-il. Les ballons sont devenus

fréquents après guerre seulement, ils étaient trop chers pour beaucoup auparavant.

L'entraide familiale

Avant les années 1960, la plupart des familles passaient la soirée tous ensemble, parents et enfants réunis dans la même pièce. Souvent parce que c'était la seule bien chauffée, mais aussi parce qu'on économisait l'électricité. Du coup, les plus jeunes participaient à la préparation de la table et du dîner, à la vaisselle et à son rangement. S'il y avait des récriminations, c'était moins pour y échapper que pour se plaindre d'en avoir fait plus que le frère ou la sœur. L'arrivée de la télévision à partir de 1965 va ensuite bouleverser les soirées...

Faire ses devoirs (ci-dessus) et aider les parents (comme ci-dessous en donnant du grain aux poules), voilà les deux grandes occupations du soir...

L'évolution des activités du soir...

Dans les années 1950 : même chose que dans les années 1920-1930, mais la famille écoute désormais la TSF le soir : Jean Nohain, Raymond Soupleix, Jane Sourza, Francis Blanche, Max Reigner deviennent des vedettes. Quelques émissions radiophoniques pour les enfants sont proposées le jeudi après-midi.

Dans les années 1960 : la télévision arrive dans les foyers, avec une seule chaîne en noir et blanc, une seconde à partir de 1964, une partie de la journée seulement. Les enfants y prennent goût avec « Le manège enchanté », « Bonne nuit les petits », « Thierry la Fronde », « Zorro », « Belle et Sébastien », « Poly »...

Dans les années 1970 : la télévision multiplie ses chaînes, au sens propre comme au sens figuré. Les enfants devenus citadins ont souvent leurs chambres et s'y retirent désormais pour faire leurs devoirs ou jouer à l'écart des adultes. Ils commencent à s'inviter les uns chez les autres.

La photo de classe

Dès le début du XXᵉ siècle la photo de classe trône sur les murs des maisons, preuve d'un passage méritant à l'école de la République. Elle évoque sur le coup des souvenirs plus ou moins doux. Mais, quelques années plus tard, elle permet de retrouver avec nostalgie les visages des camarades d'hier...

L'évolution des gestes et positions des enfants

● Plus la photo est ancienne, avec un temps de pose assez long, plus les enfants ont les bras croisés ou les mains posées sur les genoux et moins ils sourient. Pas question de bouger, le cliché serait flou ! Et l'ardoise avec la date est de rigueur.

● Les photos d'école primaire se font très vite annuelles. Les photos de collèges et de lycées sont plus rares. Jusqu'aux années 1970, on n'en prend pas toujours, ou bien on ne photographie qu'une seule classe, les 6ᵉ ou les terminales.

● Même si les pellicules couleurs existent pourtant déjà, les photos de classe restent souvent en noir et blanc jusqu'aux années 1975-1980.

Un rituel

Avec l'arrivée de la photographie à la fin du XIXᵉ siècle, les photographes obtiennent l'autorisation des académies pour se transporter d'école en école avec leur appareil et leur drap noir. Prévenus de leur passage, les parents mettent un point d'honneur à ce que leurs enfants soient impeccables. Chaque classe est photographiée avec l'instituteur. Achetée par les familles, la photo devient le symbole d'un groupe et un repère dans le temps. Elle est un rite confortant l'intégration de l'élève dans le groupe.

La pose solennelle

Sérieux et intimidé, l'élève veut laisser une bonne image. Le maître fait ses dernières recommandations après avoir réprimandé les plus agités. Personne n'ose bouger devant l'ardoise posée au sol, précisant le niveau, le nom de la classe et l'année. Le photographe ajuste son matériel. À une

époque où la photographie est encore peu répandue, le petit oiseau qui va sortir a de quoi intimider.

Un reflet du niveau social

Sur leur trente-et-un, les vêtements préparés avec soin par les familles

révèlent la situation familiale des élèves. Des garçons en costume cravate et souliers de cuir côtoient des condisciples en blouse noire et mouchoir de cou. Quelques élèves pauvrement vêtus et chaussés de sabots de bois ou de galoches se trouvent dans les rangs. Les différences d'origine ou de fortune se lisent ainsi sur la photo d'école. Sur certaines, l'indispensable blouse noire ou grise, pas forcément uniforme, cherche à dissimuler les différences sociales. En 1914, un costume de garçon coûte entre 40 et 60 francs, soit près de la moitié du salaire mensuel d'un ouvrier. Cet obstacle justifie souvent le port de la simple blouse. Elle protège les lainages et les vêtements fragiles ou onéreux. Elle prône l'égalité de rang et de condition.

Un reflet de l'histoire

Sur certaines photos jaunies, l'histoire se révèle. Le sérieux des promotions s'accorde avec la situation tragique de l'époque 1914-1917. Des élèves portent au bras un brassard noir, des sarraus noirs ou des socques en signe de deuil. Au fil du temps, d'un cliché à l'autre, l'attitude des écoliers change, dans les vêtements comme dans l'expression des visages. Les élèves quittent peu à peu leur blouse unie pour des tenues plus colorées et plus personnelles. Le sérieux s'estompe, les figures se font

souriantes. Après la Seconde Guerre mondiale, la classe pose dorénavant dans la bonne humeur et la décontraction. Et, avec le XXIe siècle, arrive la mode des photos « originales » où chacun fait le zouave à la demande !

Ci-dessus : les écoliers d'une même école, en 1904 et 1954. Ci-dessous : des écolières en primaire à Châtellerault en 1930. Page de droite : Poitiers en 1900 (tout à gauche) et Paris en 1938 et 2000.

Comment retrouver une photo de classe qui vous manque ?

Par l'école ou la mairie : de plus en plus souvent, les écoles ou les mairies conservent un double des photos d'écoliers. Elles n'ont bien sûr aucune obligation de vous les communiquer, mais elles peuvent accepter de vous les laisser photographier si vous vous déplacez. Les plus anciennes sont ressorties lors d'expositions scolaires ou d'animations. Elles ont peut-être aussi été publiées dans le bulletin municipal.

Par les sites Internet d'anciens élèves : rendez-vous sur www.copainsdavant.com ou www.trombi.com et inscrivez-vous. C'est gratuit et vous pourrez interroger la base de données par école et par année. Vous y retrouverez peut-être d'anciens camarades de classe...

Par les réseaux sociaux : reprenez contact avec d'anciens élèves de votre établissement, soit par courrier, soit en les cherchant sur les réseaux du net : certains auront certainement conservé des photos.

La fête de l'école

**Au moins jusqu'aux années 1970, l'école fête le carnaval, Noël et le 11 novembre. Mais la fête la plus importante reste celle de la fin d'année, mi-juillet autrefois, avec des spectacles costumés devant les parents.
La fête est couplée avec la remise des prix aux meilleurs élèves.**

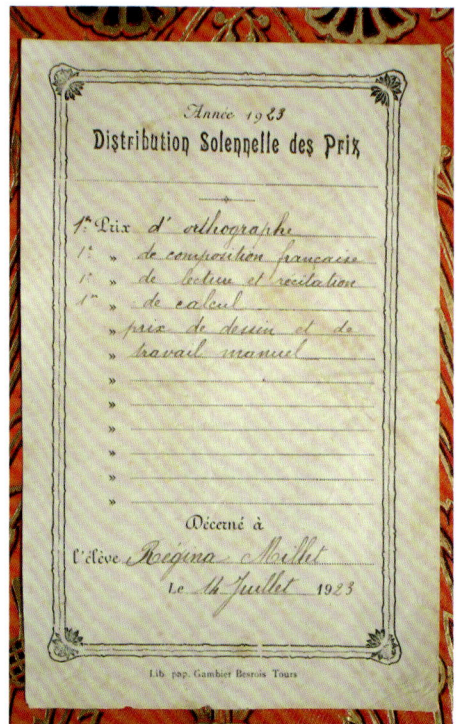

Public-privé

Inscrite au calendrier des festivités locales, la fête de fin d'année se déroule au mois de juin ou de juillet. À l'école publique, la fête porte le nom de lendit scolaire, terme médiéval utilisé autrefois pour désigner des foires et qui signifie « ce qui est fixé ». À l'école privée, la fête est nommée kermesse. Ce mot emprunté au flamand désigne la messe d'église et par extension la fête patronale. Elles se déroulent toutes deux en plein air. Elles constituent pendant longtemps des événements majeurs et le protocole exige que l'école invite toutes les personnalités locales à prendre place sur l'estrade dressée pour l'occasion. Les écoles publiques font même signe au curé, c'est dire ! Et comme les places bien en vue sur l'estrade sont convoitées, les lettres d'in-

vitation demandent à chacun de bien vouloir confirmer sa présence.

Les fameux livres de prix

Grande nouveauté de la IIIe République : le financement des livres de prix offerts aux élèves méritants à la fin de la fête, une fois les spectacles des différentes classes terminés. Jusqu'aux années 1930, il s'agit de livres reliés en beau carton rouge gaufré à l'or.

À l'intérieur, un papier collé indique le nom de l'élève, la date et à quel titre il a reçu le prix. Même si le prix d'excellence est réservé au meilleur, il y a tant de prix possibles pour chaque

Un peu d'histoire autour de la fête...

- **XVIIe siècle** : les collèges parisiens instaurent la tradition de la fête de fin d'année et de la distribution des prix.

- **1882-1922** : chaque département fixe ses dates de vacances d'été et chaque école sa fête de fin d'année. Toutes les personnalités du lieu sont présentes et les journaux locaux font des comptes-rendus.

- **1922-1960** : l'année scolaire se finit au 14 juillet. La fête de l'école est associée à la fête nationale. Les élèves ayant reçu un prix d'excellence sont cités dans les journaux locaux.

- **1960-1968** : l'année scolaire se termine désormais mi-juin. Les remises de prix ont encore lieu... mais vont bientôt disparaître.

matière que presque tous les écoliers peuvent en recevoir un, même si c'est seulement le prix de camaraderie ou le prix d'assiduité pour n'avoir jamais manqué un jour d'école. Les élèves sont appelés un par un ce jour-là, par ordre de mérite décroissant, pour recevoir leurs livres.

Un jour qui fait date

La distribution des prix était le moment de gloire républicaine rêvé par toutes les familles, surtout les plus modestes. *L'Histoire d'un paysan lorrain* évoque avec beaucoup d'émotion cette cérémonie en 1910 : « À son banc, le petit s'était levé ; il marcha vers l'estrade avec une crânerie charmante et reçut un beau livre rouge. Puis la voix recommença : Prix de calcul : Maurice Meunier ; prix d'histoire : Maurice Meunier ; prix de leçon de choses : Maurice Meunier. Neuf fois, la voix répéta son nom, sonore et fatidique. L'enfant avait tous les prix. […] Mme Jondet demanda : Qui est cet enfant qui remporte tant de prix ? Son voisin se retourna vers la bijoutière et la regarda fixement : Madame, c'est mon petiot. Oui, avec ses bijoux, ses toilettes et sa maison, Mme Jondet n'avait pas la

fierté qui le rehaussait, lui, le simple, le tâcheron qui déchargeait les voitures. Il répéta tout haut : C'est mon petiot ! C'est mon petiot ! »

Un jour qui s'efface

La distribution des prix est tombée en désuétude à partir de 1968 : faire des différences entre les élèves semblait tout à coup scandaleux. Quelques villes ont continué à le faire jusqu'aux années 2000, Paris par exemple, mais en distinguant les trois meilleurs élèves de chaque établissement, réunis pour l'occasion à l'hôtel de ville, en dehors de toute festivité, en catimini pourrait-on dire. Quant à la fête elle-même, elle s'est transformée : les spectacles ont souvent disparu, remplacés par des stands de jeux et de gourmandises.

Fêtes de 1968.

Un défilé avant la fête.

Costumes et maquillages des spectacles de fin d'année

Jusqu'aux années 1930 : les costumes étaient souvent somptueux (voir en page de gauche ceux réalisés pour une fête d'école de 1912 à Brezolles sur le thème de Malbrough), souvent conservés d'une année sur l'autre, et réalisés au départ par des dames charitables (tout le monde savait coudre) et par les fillettes aussi dans le cadre scolaire.

1930-1950 : les fêtes sont plus modestes en termes de costumes (difficultés économiques, guerre...).

1950-1970 : les costumes sont en papier crépon, en satinette et en feutrine. Ça ne dure que l'espace d'une journée mais c'est facile à faire, surtout si l'on utilise l'agrafeuse pour les coutures !

1970-2000 : les costumes sont loués ou payés par les parents, ou bien les élèves utilisent leur garde-robe avec des consignes de couleur. Le maquillage prend davantage d'importance.

Et après l'école primaire ?

Y a-t-il une vie scolaire après le primaire ? Pour la majeure partie de la population, la réponse a longtemps été non. Le lycée ? C'était cher. Les universités ? C'était pour les érudits. Le certificat d'études primaires, qui validait l'acquis des connaissances essentielles, semblait suffire.

Trois systèmes scolaires

On a oublié aujourd'hui que, de 1833 jusqu'aux années 1960, il existe trois systèmes éducatifs étanches :

– un système primaire qui prend les enfants jusqu'à douze ou treize ans et se poursuit pour les plus doués par des cours complémentaires (CC) de deux à quatre ans ou par l'école primaire supérieure (EPS), surtout pour les concours d'entrée aux écoles normales d'instituteurs (soit en 1929 un total de 4,5 millions d'élèves en primaire, et de 80 000 en EPS et 61 000 en CC)

– un système secondaire de lycées (gérés par l'État) ou de collèges (gérés par les communes), prenant les enfants à six ans pour les mener jusqu'au

En haut à gauche une classe de 6e de Châtellerault de 1972. En haut à droite une classe d'EPS de Poitiers de 1921. Ci-dessus une classe d'école professionnelle de Saint-Fargeau en 1904. Ci-dessous : une école ménagère (CC) de Troyes dans les années 1930.

baccalauréat (291 000 élèves en 1929) avec un enseignement assuré dès la classe préparatoire (CP ou 11e) par des

Les grandes dates de nos diplômes

CERTIFICAT D'ÉTUDES PRIMAIRES

- 1808 : création du baccalauréat, défini comme le premier grade universitaire.
- 1833 : création du brevet élémentaire (fin de collège), permettant d'enseigner ou d'entrer aux postes administratifs de base.
- 1874 : création du certificat d'études en fin d'école primaire.
- 1947 : le brevet d'études du premier cycle du second degré (BEPC) remplace le brevet élémentaire. Il est lui-même remplacé par le brevet des collèges en 1980, national en 1988.
- 1989 : suppression officielle du certificat d'études, qui avait perdu son aura à partir des années 1950.

professeurs par matières et non par des instituteurs

– un système d'écoles professionnelles qui regroupe 40 000 élèves.

Le primaire en premier !

En 1929, la filière du primaire rassemble 93 % des élèves. Les systèmes sont d'autant plus étanches que l'enfant du primaire qui veut passer en 6e doit interrompre son cycle ou arriver en 6e avec deux ans de retard s'il va jusqu'au certificat. Et les examens sont différents : le baccalauréat d'un côté, le certificat d'études et le brevet de l'autre. Par ailleurs, si le primaire est gratuit, les autres formations sont payantes (sauf pour les enfants d'instituteurs). Le secondaire est trop cher pour la plupart des familles, qui le trouvent aussi trop théorique, ne menant à rien. Quitte à payer des études aux enfants, on préfère les orienter vers des EPS ou des CC. Autre écueil : la distance. Dans une société très rurale aux moyens de transports encore peu développés, poursuivre ses études au-delà du primaire implique un internat au chef-lieu, donc un coût supplémentaire et une vraie coupure avec la famille puisque l'élève ne rentre chez lui qu'à Noël, à Pâques et aux grandes vacances. Un choix qui n'est souvent même plus possible pour les générations des années de guerre.

Travailler à douze ans

Jusqu'à l'entre-deux-guerres incluse, une personne sur deux commence à travailler à douze ans. La fin des études obligatoires, fixée à douze ans depuis Jules Ferry, passe à quatorze ans en 1936, puis à seize ans en 1959, année de création des lycées techniques. Les attentes des familles vis-à-vis de l'école se modifient radicalement, le désir d'études plus ambitieuses et plus longues se généralise. De 1945 à 1958, le nombre d'enfants de 12 à 15 ans scolarisés double. L'affluence vers le secondaire, qui devient peu à peu gratuit, est telle que l'État construit, entre 1965 et 1975, l'équivalent d'un collège par jour ouvré ! C'est l'avènement de l'ère de l'adolescent : il n'est plus un enfant, mais pas encore un adulte qui travaille.

Ci-dessus : un cours complémentaire en mécanique (années 1950). Ci-dessous : une école ménagère des années 1930. En bas : un lycée parisien en 1939.

L'évolution des effectifs au baccalauréat

1809 : première promotion de bacheliers. Ils sont 31. **1890** : 7 000 bacheliers.

1960 : 32 000 bacheliers. **1970** : 237 000 bacheliers ! C'est la panique ! La première partie du baccalauréat est supprimée (on passait toutes les matières à la fin de la 1e et à la fin de la Terminale), on ne conserve que les épreuves anticipées de français, faute d'examinateurs et de salles en nombre suffisant.

1985 : le ministre Chevènement déclare qu'il veut conduire 80 % de chaque tranche d'âge au baccalauréat (38 % à ce moment-là, contre 10 % en 1968).

1993 : 618 000 bacheliers. Il existe aujourd'hui une centaine de baccalauréats différents et 80 % des élèves obtiennent le diplôme (95 % si on ajoute les redoublants et les triplants !).

Livres et revues pour enfants

Il existe tant d'ouvrages et de magazines pour enfants qu'en raconter l'histoire en deux pages est mission impossible : il faudrait la baguette magique du petit Harry Potter du siècle suivant pour y parvenir ! Seul un panorama des années les plus lointaines, 1900-1970, est donc donné ici.

LE SOURIRE DE BÉBÉ

Avant 1914

Avec les lois Ferry, tous les enfants savent lire. Le grand succès est *Le Tour de la France par deux enfants*, lecture d'école, souvent le seul livre des enfants modeste : 7,4 millions d'exemplaires en 410 éditions entre 1877 et 1914 ! Succès continu pour les romans de la comtesse de Ségur, pour *En famille* d'Hector Malot (1893), pour les livres sur les grands personnages de l'histoire de France, notamment illustrés par Job. Les albums à tirettes ou à coulisses sont en essor mais restent coûteux. Côté presse, *La Semaine de Suzette* (connue pour Bécassine) est lancée en 1905 pour les petites filles de la bourgeoisie, *Cri-Cri* pour les plus jeunes en 1907, *L'Épatant* pour les fils d'ouvriers en 1908 (avec les trois Pieds Nickelés et leur argot parisien), *Fillette* en 1909, *L'Intrépide* en 1910...

De 1918 à 1945

Côté livres, Babar et Oui-Oui paraissent avec succès, la Bibliothèque verte (1923) prolonge le succès de la Rose, les *Albums du Père Castor* se lancent en 1931. Née en 1919, la collection *Contes et légendes* de Nathan prend son envol à partir de 1927. Mais le livre cartonné reste cher, les familles les plus modestes se tournent plutôt vers les romans pour enfants à petits prix, dont la collection Printemps, diffusée par le *Petit Écho de la mode* en kiosque chaque mois au prix d'une baguette de pain. Claude Renaudy, Max et Michel d'Ormoy ou M. de Crisenoy comptent parmi les auteurs de ces titres tirés à plusieurs centaines de milliers d'exemplaires mais devenus introuvables car imprimés sur un papier bon marché fragile, avec des

Petite chronologie de nos séries préférées

- Babar : créé par Jean de Brunhoff (7 albums 1931-1941), poursuivi par son fils Laurent (1948-2011).

- Oui-Oui : Enid Blyton crée ce personnage pour petits en 1934.

- Le Club des Cinq : 25 romans d'Enid Blyton (1942-1963), la série étant poursuivie par Claude Voilier pour 24 autres titres (1971-1985). Enid Blyton a aussi écrit 15 romans « Clan des Sept » (1949-1963).

- Fantômette, créée par Georges Chaulet (1961-2011), également auteur des 4 As en bandes dessinées.

- Alice détective : créée par Caroline Quine, 89 titres à partir de 1955.

les PIEDS NICKELÉS

CHERCHEURS d'OR

agrafes pour seule reliure. Le *Petit Écho de la mode* lance aussi en kiosque en 1920 la revue *Lisette*, 25 % moins chère que *La semaine de Suzette* et qui atteint jusqu'à deux millions d'exemplaires par semaine, puis *Pierrot* pour les garçons en 1925. Difficiles à trouver eux aussi car leur papier était très friable. Les BD se développent, avec *Zig et Puce* (1925), *Félix le Chat* (1929), *Tintin* qui paraît (1930) dans le maga-

zine *Cœur Vaillant* (1929), *Le Journal de Mickey* (1934, mais qui s'interrompt pendant la guerre), *Hurrah* (1935)... Défaite oblige, on multiplie pendant la guerre les bandes dessinées en kiosque sur les grands héros de l'histoire de France, bon marché et sans reliure.

Après guerre

L'après-guerre voit l'essor des albums de *Caroline* ou *Martine*, des Club des Cinq, des Sept, de Fantômette ou d'Alice, mais aussi des BD : *Mickey*, *Tintin*, dont le succès se décline en magazine, *Spirou* qui en fait autant, *Astérix*, né en 1959 avec le journal *Pilote*, *Pif le Chien*, apparu en 1950 dans *L'Humanité* puis dès 1969 en hebdomadaire à part, *Pif-Gadget*, chaque numéro étant vendu avec un petit objet cadeau en prime.

Les collections fétiches et leur histoire

Bibliothèque rose : Hachette lance en 1855, avec un roman de la comtesse de Ségur, cette fameuse collection de livres pour enfants. Elle doit son nom à la couleur rose de sa couverture cartonnée, puis simplement à son dos rose (voir le livre de 1960 ci-contre à droite).

Bibliothèque verte : orientée vers l'action et l'aventure, la Bibliothèque verte est créée en 1923 et doit aussi son nom à la couleur de sa couverture. Elle s'adresse d'abord aux garçons de plus de douze ans, puis à tous les enfants après guerre. À gauche : une couverture de cette collection de 1938, toute verte, au premier plan, et une de 1964, avec une illustration couleur, le vert restant sur le dos et la mention « Bibliothèque verte » s'inscrivant en bandeau sur le haut.

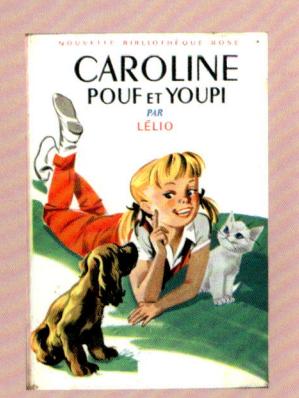

Les colonies de vacances

« Ah ! Les jolies colonies de vacances, merci papa, merci maman ! Tous les ans, je voudrais qu'ça r'commence ! Youkaïdi, Aïdi, Aïda ! ». Même ceux qui ne sont jamais allés dans une colonie de vacances lorsqu'ils étaient enfants connaissent la chanson de Pierre Perret.

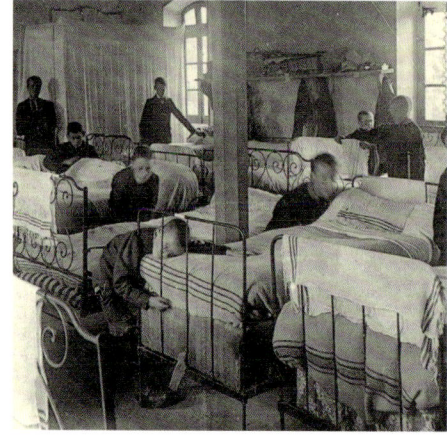

Une idée tardive...

En France, l'idée de départ est souvent attribuée au pasteur Lorriaux, qui envoie 79 enfants parisiens passer trois semaines au grand air dans l'Oise en 1882. Mais le concept ne prend son essor que dans l'entre-deux-guerres. À une époque où les congés payés pour tous n'existent pas encore (ils datent de 1936), les départs en famille sont rares et il n'est pas toujours possible d'envoyer les enfants pendant toutes les vacances scolaires chez les grands-parents. L'idée des « colos » semble donc nouvelle et moderne, car elle permet aux enfants des villes d'aller respirer l'air pur de la campagne, de la mer ou de la montagne.

Ci-dessus : dortoir d'une colonie de Lage-d'Étagnac en Charente en 1904 ; épluchage des légumes pour le repas près d'Orléans en 1907.

... mais qui connaît le succès !

Quelques écoles de plein air se développent dans les années 1900. Les mouvements scouts prennent en charge les petits après la Première Guerre mondiale (le jésuite Jacques Sevin crée l'Association des scouts de France en 1920). Les auberges de jeunesse apparaissent une dizaine d'années plus tard (la première en 1929, créée par Marc Sangnier à Bierville). Ambiance fraternelle des camps scouts, dortoirs et veil-

Combien d'enfants en colonies de vacances ?

- 1890 : les premières colonies de vacances ne rassemblent guère que quelques centaines d'enfants.

- 1905 : 20 000 enfants partent en colonies de vacances, souvent en train comme ci-dessus.

- 1913 : le chiffre monte à 100 000.

- 1948 : 400 000 petits « colons » sont recensés dans l'immédiate après-guerre. Une façon pour les promoteurs des colonies de vacances de redonner des couleurs aux enfants anémiés des villes.

- 1955 : on atteint un million d'enfants en colonies de vacances. Ce chiffre reste ensuite stable malgré l'augmentation de la population.

lées de chansons dans les auberges de jeunesse... Les enfants des villes découvrent un autre univers. Après 1945, les colonies de vacances se multiplient. En rang par deux, les enfants sont de plus en plus nombreux à profiter d'initiatives financées aussi bien par des particuliers, des entreprises, des associations religieuses ou laïques que par l'État, par le biais du ministère de la Jeunesse et des Sports.

À quel endroit ?

Les lieux d'hébergement sont variés : une caserne en Seine-et-Marne ou un chalet dans les Alpes pour la colonie Rhin-et-Danube des enfants de militaires, une ancienne usine de ciment à Boiron dans l'Isère pour les enfants des employés de Rhône-Poulenc, le château de Saint-Cyran-du-Jambot dans l'Indre pour une colonie tenue par des religieuses, un château dans l'Yonne pour une colonie de la Caisse d'allocation familiale, l'Institut Notre-Dame à Jarnac pour les petits handicapés, un aérium libéré pendant un mois pour les colonies à Hendaye, des tentes de huit personnes à Roquebrune-Cap-Martin ou à Locmariaquer pour les colonies de la SNCF, un moulin à Eymoutiers pour la Fédération des œuvres laïques, etc. jusqu'à ce que des bâtiments soient bâtis tout exprès pour les vacances des petits.

Les villages de vacances

L'idée de construire des centres où la famille peut partir au complet fait son chemin. Les grandes entreprises, nationales ou privées, sont les premières à proposer des solutions. Puis les maisons familiales font leur apparition à partir de 1949. Dix ans plus tard, en 1959, André Guignand crée les villages de vacances, avec Villages Vacances Familles (VVF). Proposer des jeux, des terrains de sport, des parcs et, pour chaque famille, un appartement neuf avec une salle de bains à une époque où le confort était encore rare, c'était une révolution. L'idée de vacances va continuer à évoluer avec la société. Quand Pierre Perret chante ses *Jolies colonies de vacances* en 1966, c'est déjà de la nostalgie…

De haut en bas : une colonie en bord de mer dans les années 1920, surveillée par un prêtre ; départ pour la plage vers 2000 ; jeux d'intérieur à Asnelles (Calvados) vers 1907.

Quels locaux pour les colonies de vacances ?

1890 : comme la vie au grand air améliore la santé et que le lait est l'alimentation idéale pour les enfants, certains précurseurs considèrent que les jeunes doivent être hébergés en tout petits groupes dans des fermes possédant au moins trois vaches et que le dortoir idéal est le grenier à foin...

1900 : le placement familial reste la norme, faute de locaux dédiés. Les premières colonies collectives ont lieu dans des maisons de grande taille prêtées l'été par des particuliers ou des pensions religieuses.

1914 : environ 500 bâtiments en dur peuvent désormais accueillir des centres de vacances. Des sanatoriums ou préventoriums fournissent aussi leurs locaux l'été car l'objectif est toujours plus sanitaire que ludique.

1994 : plus de 10 000 « centres de vacances » sont comptabilisés par le ministère de la Jeunesse et des Sports, mais 30 % des enfants partant en colonie sont hébergés dans des camps itinérants ou provisoires.

Jupettes et culottes courtes

Si en 1900 les jupes des mamans étaient longues et celles des petites filles courtes, c'est l'inverse en 2000 ! Pour les garçons, les culottes courtes d'autrefois ont disparu, remplacées par des jeans incontournables désormais, y compris pour les filles.

La fabrication des vêtements d'enfants

● Avant la Première Guerre mondiale tous les vêtements sont fabriqués à la maison ou par une couturière locale.

● Pendant l'entre-deux-guerres, la confection (fabrication industrielle de vêtements standardisés) produit 25 % des vêtements, mais les vêtements d'enfants restent réalisés surtout par mamans, mamies, marraines et couturières. Les gros tirages de la presse sont des journaux de couture : Modes et Travaux (2 millions d'exemplaires), Le Petit Écho de la Mode (1,1 million), etc.

● 1950 : le terme de prêt-à-porter remplace celui de confection et des étiquettes de fabricant sont cousues sur les vêtements fabriqués.

1900-1940

Avec le XXe siècle, le mini-adulte, c'est fini ! La mode enfantine s'éloigne de celle des adultes, contrairement aux habitudes des siècles précédents (sauf si le costume régional perdure encore). De 1900 à 1930, la petite fille porte une robe sans taille marquée (comme ci-contre) ou à taille basse dite américaine (voir page de droite en bas). Les garçons gardent la robe jusqu'à trois ans et les cheveux longs un peu plus longtemps, jusqu'à l'entrée à l'école. Ils ont ensuite la blouse bouffante ou le costume marin (voir photos page de droite).

Jusqu'en 1940, la mode pour fillette est très originale. Elle apprécie les étoffes souples : tulle, voile, mousseline, taille longue et chapeaux à calotte haute que l'on enfonce jusqu'aux sourcils. Pour les filles comme pour les garçons, les jambes sont dégagées jusqu'à mi-cuisse (robe courte ou culotte courte), les bras nus, les cheveux coupés.

1950-1960

Le niveau de vie s'élève et les magasins de prêt-à-porter se multiplient. Les vêtements du dimanche restent dans le prolongement de ce qui se pratiquait auparavant. Les petites filles sont en jupe ou robe courte (toujours avec un jupon), en soquettes ou en grandes chaussettes blanches au-dessus des mollets, mais les chapeaux ont disparu. Les garçons gardent leurs culottes courtes, mais portent des petites vestes qui ressemblent à celles de leur papa. En semaine, les vêtements se font plus pratiques : pull-over, anoraks (dont les fameux kabig bretons qui font alors fureur). Les filles commencent à mettre des pantalons fuseaux.

En haut : carte colorisée de 1907. Ci-dessus : carte de 1952. À gauche : 1996.

Années 1970

On cesse de faire des distinctions importantes entre vêtements de semaine et vêtements du dimanche. Ils se font tous pratiques : chemisettes et blouson l'été, pulls (qui ne sont plus toujours tricotés par les mamies), anorak ou manteau l'hiver, pantalons pour les garçons mais aussi le plus souvent pour les filles. Lorsqu'elles sont en robe ou en jupe (mini), les collants remplacent les grandes socquettes. Côté pantalon, les jeans s'imposent et les formes fuseaux cèdent la place aux fameuses pattes d'éléphant. La mode hippie apporte aussi les vêtements à frange, les peaux de moutons brodées, les barrettes à grosses fleurs...

1980-2000

Tout est possible mais les jupes ont rallongé. Le coût du textile est bas, les gardes-robes se changent facilement au gré des modes ou des envies...

Et les chaussures ?

En 1900, les souliers en cuir, c'était pour la ville. À la campagne, les enfants portaient des bottines ou des galoches. Compromis entre la chaussure de cuir, trop chère pour beaucoup de bourses, et le sabot, la galoche a une empeigne en cuir et une semelle en bois. Moins lourde que le sabot, elle chausse mieux le pied des enfants qui ont souvent des kilomètres à faire pour se rendre à l'école. Pendant la guerre, pour protéger la semelle, on y fixe souvent les

fameuses pièces percées des années 1930-1940 (voir ci-contre), et ces sous sans valeur font claquer les galoches encore plus bruyamment !

Après guerre, avec l'essor du niveau de vie et le développement du plastique, les enfants portent des souliers vernis le dimanche, des bottes, bottines ou souliers en cuir ou similicuir le reste du temps.

Avec les années 1960-1970 arrivent les clarks en polyuréthane, souples et faciles à porter. Elles connaissent un engouement extraordinaire et deviennent les chaussures de toute une génération de collégiens.

Les années 1970 sont, pour les filles, celles des chaussures d'été à semelle compensée et des simili-sabots écolos. Pour les vacances d'été, les enfants portent d'abord des espadrilles, détrônées à partir des années 1950-1960 par les tongs et par les sandales en plastique transparent permettant de marcher à la fois dans l'eau et sur les rochers de bord de mer.

De haut en bas 2000, 1912...

...1921 ci-dessus, 1914 ci-dessous et 2004 au centre de la page.

Des vêtements pas comme les autres...

Les vêtements de bord de mer : au début du XXe siècle, avec le début des bains de mer, les petits garçons portent de longs caleçons rayés et les petites filles des tuniques avec des pantalons bouffants. Les tout petits slips de plage n'apparaissent que dans les années 1950 pour les enfants.

Les vêtements de sports d'hiver : on n'y emmène pas les enfants avant la Seconde Guerre mondiale. Pantalons fuseaux, avec patte de maintien passant sous le pied, et grosses chaussures fourrées sont ensuite de rigueur. Les manteaux épais sont vite remplacés par des anoraks.

Les vêtements de cérémonie : à partir des années 1920, les mariés sont entourés de petits garçons et filles d'honneur (auparavant c'étaient toujours des jeunes gens). Les fillettes sont en robes assorties, courtes ou longues, les petits garçons en culotte courte de velours et en ceinture drapée.

Bonbons et confiseries

Pas question de croquer des bonbons à pleines poignées autrefois. Achetées à la foire ou chez l'épicier, ces gourmandises restaient des plaisirs exceptionnels. On en prenait un, puis on refermait sagement le sachet de papier jusqu'au lendemain.

Les grandes dates de nos bonbons favoris

- 1880 : création des cachous Lajaunie, petites pastilles de réglisse carrées, vendues dans des boites rondes en métal jaune.
- 1899 : création des caramels Dupont d'Isigny.
- 1923 : création des bonbons Kréma.
- 1924 : invention de la sucette au caramel Pierrot Gourmand.
- 1927 : début des pastilles de gomme au miel La Vosgienne.
- 1936 : la Pie-qui-Chante lance les Mi-cho-ko.
- 1954 : création du Carambar.
- 1950-1970 : période de gloire des Roudoudous, sucre parfumé à lécher, dans une coque en coquillage.

Avant 1920

Les friandises restent une récompense exceptionnelle au début du XXe siècle. Le sucre d'orge en forme de canne, le grand ruban de guimauve, la pomme d'amour, connus depuis longtemps, s'achètent à l'occasion des fêtes foraines.

Chez l'épicier, dans de grands bocaux en verre, les enfants trouvent plutôt des berlingots ou des bonbons à cœur coloré, vendus à l'unité. Il existe aussi, depuis une vingtaine d'années, des carrés de réglisse diffusés sous l'appellation de cachous dans les petites boîtes jaunes Lajaunie, des pastilles de Vichy octogonales à l'anis ou à la menthe et des Bêtises de Cambrai, berlingots à la menthe arrondis en forme de petits coussins. Enfin, depuis 1900, les fameux caramels Dupont d'Isigny concurrencent les caramels maison ou ceux du pâtissier local.

Les années 1920

On peut manger du bonbon sans se salir les doigts : la société Pierrot-Gourmand invente les toutes premières sucettes ! Elles sont au caramel, avec une forme de fer de lance et bientôt entourées de papier coloré imprimé. Une innovation que l'entreprise étend aux bonbons, jusqu'alors toujours conservés et vendus en vrac... Ils sont bien pratiques ces papiers car si le temps est humide ou s'il fait très chaud, les bonbons ne se collent plus entre eux. La réglisse est toujours à la mode avec les cachous, mais aussi en rouleau, en bâton à sucer qu'on achète chez le pharmacien, ou en paille dans les sacs de sucre pétillant Mistral gagnant.

Même si cette friandise acidulée n'existe plus aujourd'hui, on la connaît grâce à la chanson de Renaud. L'enfant qui ouvrait le sachet vert en papier pouvait y trouver le mot « gagnant », avec alors le droit d'en prendre un gratuitement chez l'épicier.

Les années 1930-1940

Les pastilles au miel La Vosgienne, pourtant inventées à la fin des années 1920 par un pharmacien, sont appréciées comme de vrais bonbons par les enfants. Les sucettes au caramel, les berlingots, les sucres d'orge, les Mistral gagnant et les variétés de réglisse se vendent toujours. Les bonbons Kréma et la Pie-qui-chante se font connaître, avec le Mi-cho-ko à partir de 1936. Mais ces confiseries restent toutes des friandises rares, qu'on est fier de s'acheter à l'unité chez l'épicier si on a des sous. À la maison, on a le droit d'en prendre un si les parents en ont acheté (ce qui n'est déjà pas si fréquent, il faut qu'ils en aient rapporté un sachet de la foire ou du marché) et si on a été sage bien sûr. Signalons que certains se vendent surtout dans les salles de cinéma, comme les Mi-cho-ko.

Les années 1950

La guerre et ses privations relèguent les désirs de bonbons loin dans les priorités. Certains tickets de rationnement ont encore cours en 1949-1950, puis la situation économique du pays s'améliore.

À côté des anciennes friandises qui reviennent, apparaissent les chewing-gums Hollywood, que les Américains du débarquement et ceux restés en France contribuent à populariser : l'Amérique est à la mode ! Mais les années 1950 sont surtout la période de gloire des tout nouveaux Roudoudous, en sucre coloré et parfumé à lécher, cuits dans une coque en forme de coquillage, puis du carambar, né en 1954. Il envahit les cours d'école. On en suce à la récréation et, les dents collées dans le caramel, on s'amuse à lire à ses meilleurs copains les blagues inscrites à l'intérieur du papier d'emballage. Enfin, les Treet's (au chocolat qui ne fond pas dans les doigts !), ancêtres des M&M's, apparaissent en 1955.

Les années 1960

Avec les années 1960 arrive le Malabar, chewing-gum français tout rose, créé en 1958 par Kréma. Mais voir les enfants mâchonner pendant des heures n'est pas du goût de tous les parents, les pires histoires sont parfois inventées pour décourager les petits : « Tes dents vont devenir noires, elles vont tomber, elles vont rester collées ». L'avantage du Malabar c'est qu'il est épais, avec une fente au milieu, ce qui permet de le partager avec un copain à l'école (hors de la vue de l'instituteur), qu'il fait de belles bulles et qu'on gagne en plus une décalcomanie à l'intérieur du papier ! Au cours de la décennie apparaissent aussi les mini oursons en guimauve entourés de chocolat, créés en 1962 par Cémoi, puis les oursons Haribo en gélatine colorée, tous vendus à l'unité chez les épiciers et les boulangers.

Les années 1970 et après

Avec les années 1970, le Carambar se décline aux arômes de fruits (ça colle moins les dents !) et les Chupa Chups toutes rondes bouleversent la silhouette traditionnelle de la sucette. Arrivent aussi les Fraises Tagada, nées en 1969, puis les Chamallows et les Smarties. La révolution, c'est qu'ils se vendent en sachets ou en tubes et que c'est l'enfant qui reçoit et garde tout le paquet. Dans une société désormais d'abondance, il peut engloutir cinquante bonbons en quelques minutes ou en passer généreusement à toute la classe. On connaît la suite : formes et couleurs se multiplient, avec les M&M's, les crocodiles, les Dragibus et d'autres encore !

Les Smarties arrivent dans les années 1970.

La Pie-qui-chante naît en 1921, son Mi-cho-ko en 1936.

Les Treets des années 1990.

Les grandes dates de nos bonbons favoris (suite)

Années 1960 : diffusion des chewing-gum Malabar (créés en 1958 par Kréma), des petits oursons en guimauve entourés de chocolat (créés en 1962 par Cémoi) et des oursons Haribo en gélatine colorée. Les Treet's et Bonitos se vendent de 1955 à 1986.

1969 : invention de la Fraise Tagada, boule de guimauve entourée de sucre rose.

1971 : invention des Chamallows, carrés de guimauve blancs ou roses.

1971 : le Carambar se décline aux arômes de fruits.

Années 1970 : diffusion en France des Smarties, créés par Nestlé, et des sucettes catalanes Chupa Chups toutes rondes.

Années 1980 : diffusion en France des M&M's rouges et jaunes (les autres couleurs dans les années 1990).

Années 1990 : diffusion des crocodiles Haribo en gélatine colorée et des Dragibus acidulés en forme de billes.

La communion solennelle

**Fête religieuse et fête familiale à la fois, la communion, vers douze ou treize ans, était une date majeure marquant la fin de l'enfance.
À partir des années 1920, elle est systématiquement immortalisée par des photos, prises en studio puis par les familles après-guerre.**

La communion en quelques dates

● 1215 : il est décidé que la première communion ne peut se faire avant « l'âge de maturité » soit 12 ans pour les filles et 14 ans pour les garçons.

● XVIIe siècle : sous l'influence de saint Vincent-de-Paul, cette première communion devient une cérémonie importante, rassemblant en un même jour tous les enfants concernés à l'issue du parcours de catéchisme.

● 1910 : on admet pour la première communion, dite aussi communion privée, les enfants dès l'âge de raison (7 ans), la seconde communion, ou communion solennelle, restant célébrée avec faste vers 12-13 ans.

● 1970 : la communion solennelle prend le nom de profession de foi.

Un événement majeur

En 1936 encore, une personne sur deux commence à travailler à douze ans. Qui se souvient aujourd'hui que les employeurs demandaient un certificat de communion ? Ils voulaient s'assurer qu'elle avait bien été faite et qu'ils n'auraient pas à donner au jeune employé des congés (obligatoires) pour la cérémonie !

La retraite, qui rassemble les futurs communiants et précède obligatoirement l'événement, dure un à trois jours selon l'époque. Les cahiers d'absence des écoles, y compris publiques, mentionnent pendant longtemps, comme cause d'absence de toute la classe ou presque, vers les mois de mai-juin, cette fameuse retraite de communion. Bref, tout le monde était concerné et la fête ne passait pas inaperçue.

Des costumes de cérémonie

À fête exceptionnelle, vêtements particuliers. Pour les garçons, le choix se fait dès la fin du XIXe siècle d'un costume semblable à celui des adultes, leur premier costume d'homme en quelque sorte, avec parfois ce jour-là leur premier pantalon long. Un brassard blanc (porté au bras gauche, du côté du cœur) est attaché au bras. Ils tiennent bien sûr à la main, pour la cérémonie, un chapelet et un missel. Quant aux filles, elles portent des robes blanches et de longs voiles qui les font ressembler à de petites mariées. Ces tenues de communiants restent, à peu de choses près, immuables jusqu'aux années 1950. Ensuite, à la toute fin des années 1950 et surtout à partir des années 1960, l'aube blanche plus sobre s'impose, pour les filles comme pour les garçons.

Puis l'aube disparaît vers 1975, dans la lignée du concile Vatican II (les communions solennelles devenues profession de foi se font en tenue de ville). Elle revient dans les années 1990.

Un coût important

Pas de prêt à porter autrefois. Il faut créer la robe pour l'occasion. Or le blanc est salissant, peu réutilisable dans le quotidien. Le tissu est parfois coûteux, allant de la soie pour les plus

élégantes jusqu'au voile de coton. Cela représente pendant longtemps une dépense importante pour les foyers les plus modestes. Aussi, jusqu'à la Première Guerre mondiale, les futures communiantes de familles aisées cousent, comme une action charitable, une ou plusieurs robes blanches « pour une pauvre petite communiante de la paroisse ». Dans d'autres cas, l'ensemble de la famille met la main à la poche pour réaliser la robe chez une bonne couturière. S'il y a plusieurs fillettes dans une même famille, la robe passe ensuite de sœur en sœur avant d'être transmise à quelque cousine.

Enfin, dans la plupart des foyers, la mère elle-même achète le tissu et coud la robe. Car la fête fait l'objet de numéros annuels spéciaux dans les journaux féminins jusqu'en 1953, avec modèles de robes, patrons et conseils.

Les photos souvenirs

À partir des années 1920, on commence à photographier les communiants après la cérémonie. C'est parfois le curé qui finance les photos pour les bons élèves du catéchisme, mais dans la plupart des cas, les familles font appel à un photographe professionnel qui immortalise l'enfant en costume dans son studio avec tous les accessoires du parfait petit communiant : aumônière, missel, gants blancs... Quant au prie-Dieu, sur lequel l'enfant s'appuie négligemment, il fait immuablement partie de la photo.

Dans les années 1950-1960, les familles s'équipent en appareils photos et prennent elles-mêmes des clichés de la sortie de l'église et bien sûr du repas qui rassemble parents, grands-parents et cousins proches. Mais quand l'aube disparaît, il devient difficile d'identifier les communiants dans ces enfants en costume de ville, au milieu de la famille endimanchée. Enfin, à la toute fin du siècle, on n'hésite plus à photographier la cérémonie à l'intérieur même de l'église, parfois jusqu'à l'autel, à tel point que les curés sont obligés d'intervenir et de réglementer les prises de vue !

Sortie de cérémonie en 1900 (ci-dessus) et en 1964 (ci-dessous).

L'évolution de la robe de communiante

1900-1920 : la robe est en soie pour les fillettes les plus aisées, en voile de coton pour les autres. On porte sur la tête une couronne de fleurs ou un voile de tulle, court en général.

À partir de 1920 : la mousseline l'emporte, pour la robe et le voile devenu long. La robe est à manches longues, la ceinture en soie, en satin, en faille, en moire ou en crêpe de Chine et l'aumônière dans la même matière. Les dentelles portées en collerette (jamais de décolleté) sont le plus souvent en valenciennes.

Années 1950-1960 : l'organdi blanc est à la mode. Les dentelles disparaissent et les garnitures se simplifient. On joue davantage avec les plis. Puis l'aube toute droite, en fil de coton, remplace la robe. Le voile est toujours là, en coton tout simple aussi. Une croix de bois est portée autour du cou.

Années 1970-1980 : la cérémonie se fait en habit du dimanche, rien de plus. L'aube ne revient qu'après 1990.

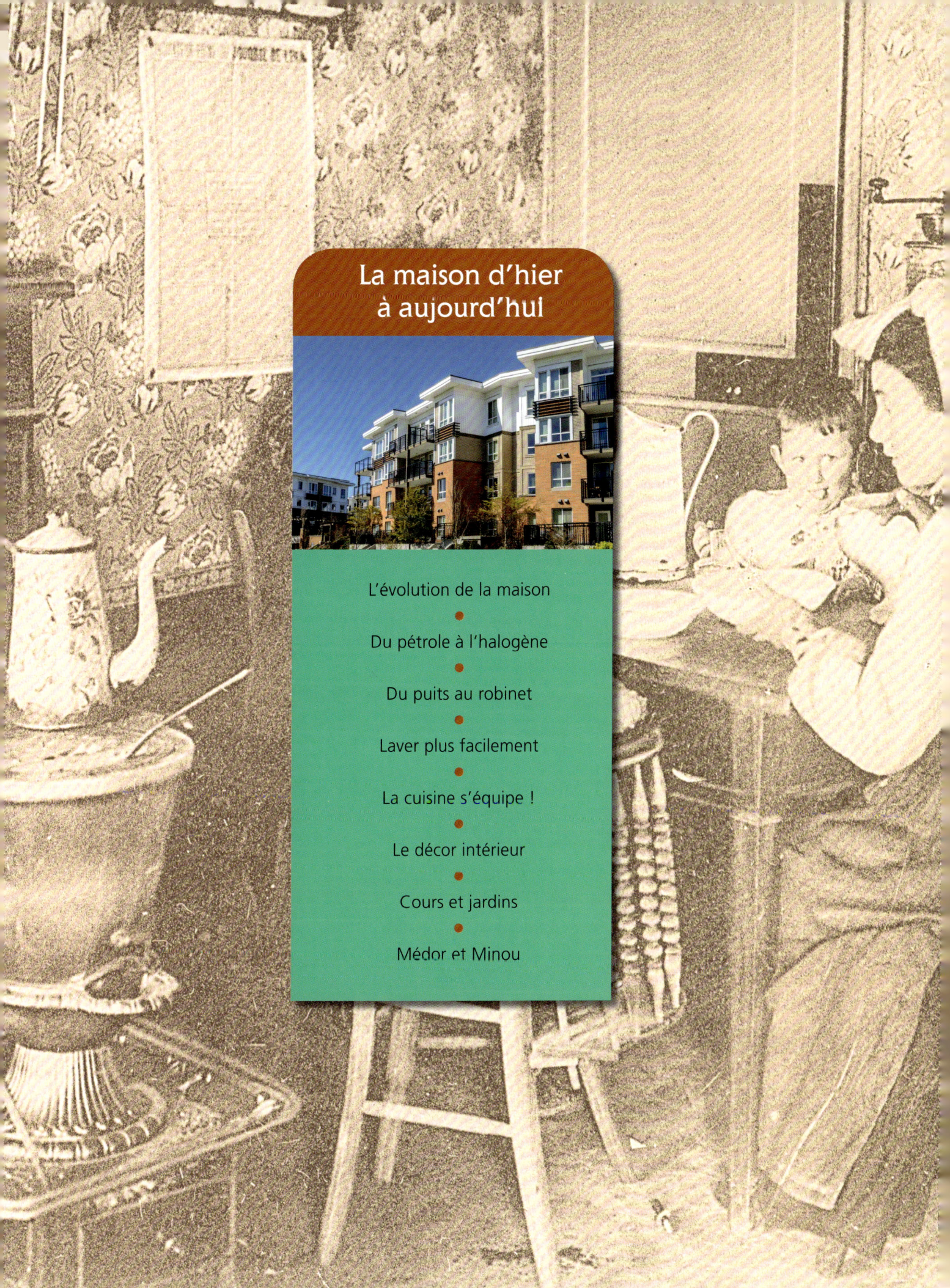

La maison d'hier à aujourd'hui

L'évolution de la maison

« Ma meilleure amie habitait la maison d'à-côté », disait l'écolière de 1900. « Ma copine habite la même cage d'escalier, deux étages plus bas », explique celle de 2000. La maison qu'habitaient nos arrière grands-parents n'a plus rien à voir avec celle où nous vivons...

Quel confort pour les maisons en 1962 ?

● Eau courante : présente dans 77 % des logements en France mais seulement 58 % en zone rurale.

● Baignoire ou douche : 34 % des logements en ont une dans les villes de plus de 16 000 habitants, 13 % seulement dans les communes plus petites.

● WC à l'intérieur : présents dans 50 % des logements en ville, dans 16 % à la campagne.

● Ainsi, entre villes et campagnes, des dizaines d'années d'écart peuvent séparer l'arrivée de nouveaux éléments de confort. Tout va plus vite à Paris et dans l'Est de la France que dans l'Ouest ou en zone rurale.

On ne vit plus au même endroit

Demandez à un petit enfant de vous dessiner une maison. Vers 1950, il traçait une porte, deux fenêtres, un toit rouge avec une cheminée, des fleurs autour des murs. Aujourd'hui, il vous dessine un rectangle tout en hauteur, couvert de carrés (les fenêtres), le tout entouré de bus et de voitures...

3 pièces de plus en 100 ans

En 1900, on trouve des maisons bourgeoises ou des immeubles haussmaniens cossus, hauts de plafond et fort bien meublés. Les belles fermes de maîtres, en pierre de taille, pourvues d'une cave, d'un étage et d'un grenier, se multiplient depuis le second Empire. Néanmoins – et on l'a oublié – la majorité des logements n'ont encore qu'une pièce à vivre, à la fois cuisine, salle à manger, chambre et salle de toilette (un broc et une cuvette sur une pierre d'évier dans un coin). La cheminée ou le poêle servent à cuisiner les repas et à se chauffer. Dans les zones rurales de montagne ou les plus pauvres, le bétail partage parfois la pièce parce qu'il offre sa chaleur l'hiver (comme sur la photo ci-contre en 1904 en Bretagne). Ou bien, pour la même raison (dans les Alpes jusqu'en 1950), il occupe le rez-de-chaussée, avec la pièce unique au-dessus. L'entrée dans la maison est alors la même, pour les hommes et pour les bêtes.

Autant dire que les cités ouvrières bâties par les grandes entreprises pour leur personnel (ni salle de bains ni wc, mais une pièce principale et des chambres séparées), si dénigrées soient-elles aujourd'hui, représentent pour la plupart des gens une nette amélioration des conditions de vie. D'à peine

plus d'une pièce en 1900, le logement moyen en France passe à trois pièces en 1949, essentiellement grâce à l'évolution de l'habitat urbain, puis à quatre en 2000.

De plus en plus de confort

Avec l'accélération des progrès et du confort pendant l'entre-deux-guerres, l'écart se creuse paradoxalement entre villes et campagnes.

En 1949, dans tout l'Ouest et la quasi-totalité du Sud-Ouest, les maisons rurales n'ont à la fois l'eau courante et l'électricité que dans 1 cas sur 20 et le sol en terre battue reste parfois majoritaire. Celles disposant à la fois de l'eau, de l'électricité et du chauffage ne sont pas plus de 2 %. Autant dire que la ville attire : en devenant ouvrier ou employé à la ville, le paysan multiplie respectivement par 5 ou par 19 ses chances d'accéder au confort ! La campagne se dépeuple au profit des grands immeubles bon marché ou des pavillons de banlieue.

En 1954, l'électrification du pays est presque totale. Mais pour le reste, sur 1000 logements de province, 12 seulement ont un chauffage central, 16 ont une baignoire ou une douche, 25 des lavabos, 40 un téléphone, 59 des wc intérieurs, 254 l'eau courante, 440 le gaz. Des chiffres à multiplier par 21 pour les Parisiens (la capitale a les logements les plus confortables du pays), par 15 ou plus pour les grandes villes ou les côtes (les touristes veulent du confort...) mais à diviser par 4 en zone rurale. On ne réalise plus combien les HLM des années 1960 ont été appréciés par les familles venant de la campagne. Habiter une tour de douze étages « toute neuve, avec l'eau chaude et tout le confort », les plus âgés en parlent encore avec ravissement...

Puis les adductions d'eau s'accélèrent. Les enfants partis travailler en ville modernisent la maison des parents, parfois en y bricolant eux-mêmes le week-end. L'essor économique permet la multiplication des équipements ménagers et de loisirs. En 2000, 98 % des logements ont eau chaude, wc et salle de bains. On n'imagine même plus vivre sans confort !

⬤⬤⬤ Pavillons, HLM...

⬤⬤⬤ ... et immeubles de ville.

Quelques évolutions marquantes pour le logement de nos aïeux

De la campagne à la ville : plus de 6 Français sur 10 vivent à la campagne en 1900, moins de 2 sur 10 maintenant.

De la maison à l'immeuble : moins de 2 Français sur 10 logent dans un immeuble en 1900, plus de 6 sur 10 habitent aujourd'hui dans une copropriété (onze appartements en moyenne).

De 1 pièce à 4 pièces : le logement moyen en France compte à peine plus d'une pièce en 1900 pour passer à 4 en 2000 (la cuisine étant comptée comme pièce à part entière si elle fait plus de 12 m²).

Les salariés agricoles dorment dans l'écurie, la grange ou le grenier à foin pour les deux tiers d'entre eux en 1900. En 1939, c'est encore le cas pour un quart d'entre eux, malgré une recommandation législative de 1931 exigeant qu'un lit leur soit donné (rien n'était dit sur les draps...).

Du pétrole à l'halogène

En 1900, il y a longtemps déjà que la bougie a été remplacée par la lampe à pétrole, à essence ou (dans les villes) au gaz. L'arrivée puis l'expansion de l'électricité bouleverse les habitudes : la nuit peut devenir le jour, il n'est plus nécessaire de se coucher tôt, c'est une vraie révolution !

Pétrole, essence et gaz

Les lampes à pétrole existent depuis 1860 mais restent dangereuses (risques d'incendie). Depuis 1884, les lampes à essence Pigeon sont sûres, mais elles n'éclairent pas plus qu'une bougie. Les lampes à gaz, depuis 1888 à Paris, puis dans les grandes villes, ont une belle lumière, mais salissent les murs des maisons. En 1900, 250 000 foyers parisiens ont néanmoins un éclairage au gaz chez eux.

La révolution électrique

Puis l'électricité bouleverse l'éclairage. Plus besoin d'utiliser des allumettes et de recharger les réservoirs des lampes,

De haut en bas : lecture du soir avec une lampe à pétrole en 1905 ; publicité de 1954 pour un chauffage électrique, près d'un grand lampadaire sur pied ; lycéenne contemporaine dans une ancienne chambre de bonne normande, décor et éclairage 1950.

Chronologie des lampes et de l'électricité

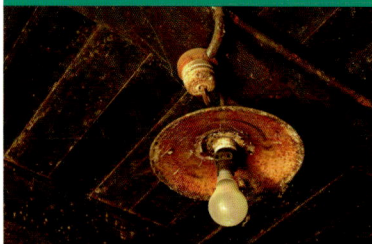

● 1841 : Frédéric de Moeyns dépose un brevet d'une ampoule électrique.

● 1878 : Thomas Edison invente la lampe à incandescence.

● 1881 : première Exposition internationale d'électricité à Paris.

● 1901 : l'Américain Cooper Hewitt invente les lampes fluorescentes.

● 1930 : création des premiers projecteurs. On les inaugure à Paris en illuminant la tour Eiffel.

● Années 1970 : diffusion des lampes halogènes longue durée.

● 2009 : interdiction progressive des lampes à incandescence, avec un abandon total à partir de 2012, pour économiser de l'énergie.

appuyer sur un bouton suffit pour allumer à distance. Plus d'odeurs, plus de risques d'explosion. En 1905, l'électricité éclaire 42 000 appartements parisiens et, puisqu'elle permet aussi d'actionner des appareils (sonnettes, ascenseurs, robots ménagers, téléphones, radios...), elle ouvre des perspectives totalement nouvelles.

L'électrification du pays

L'accès à l'électricité pour tous ne s'est pas fait en un jour. Les grandes villes sont équipées dans les années 1920, la plupart des campagnes dans les années 1930, mais avec des disparités notables. En 1949, plus d'un tiers des logements ruraux de la Corse, de la Bretagne et des départements limitrophes (Manche, Mayenne, Orne, Sarthe, Vendée) n'ont toujours pas l'électricité.

Il faut attendre le milieu des années 1950 pour qu'à peu près toutes les habitations en soient pourvues.

De la lumière à la puissance

Au début, les foyers sont équipés de branchements « lumière », sans puissance suffisante pour actionner les machines d'une ferme ou des équipements ménagers importants. Et l'électricité coûte cher. On allume la lampe le plus tard possible, là où se rassemble la famille, et chacun éteint la lumière en sortant d'une pièce. « Ne laisse donc pas brûler la lumière », dit-on toujours aux enfants dans les années 1960, avec un vocabulaire qui date de l'époque des bougies ! Les lampes à pétrole ne sont pas bien loin, gardées à portée de main en prévision des coupures de courant (encore fréquentes jusqu'aux années 1970 en cas d'orage).

Puis la puissance électrique se développe. On peut mettre en route un four et une machine à laver sans faire sauter toute l'installation ! Enfin, les lampes halogènes procurent une lumière qui vaut celle du grand jour.

⬤⬤⬤ Ci-dessus : appartement ancien avec éclairage rénové dans les années 1950 et multiplication des points de lumière. Ci-dessous : un lustre modèle 1910, initialement prévu avec pétrole et mèches, modifié dans les années 1930 pour recevoir une alimentation électrique.

Lampe à pétrole ou lampe à essence ?

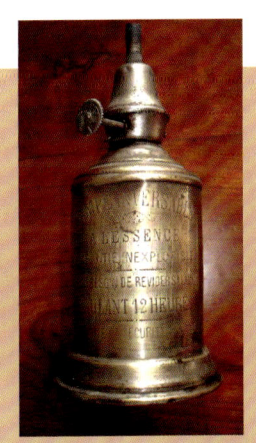

Lampe à pétrole : inventée vers 1870 et diffusée à partir du second Empire, elle remplace les lampes à huile qui s'étaient substituées aux bougies depuis le XVIIe siècle. Elle éclaire mieux et elle est simple d'utilisation, mais le pétrole est très inflammable et les accidents vite arrivés si on renverse la lampe. À gauche : deux modèles des années 1890-1900, qui ont servi jusqu'aux années 1960 lorsque les orages coupaient l'électricité.

Lampe à essence : l'essence pouvait remplacer le pétrole mais avec des risques d'explosion. En 1884, on invente la lampe Pigeon (ci-contre à droite), garantie « innerversable, inexplosive, brûlant 12 heures sans se recharger ».

Du puits au robinet

En 1900, l'eau courante équipe déjà de nombreux appartements parisiens. Mais dans les campagnes, il faut parfois attendre les années 1970… Qui se souvient que la valeur d'une maison dépendait entre autres de la distance entre elle et son puits ?

La toilette et ses évolutions

● Comment faire sa toilette sans eau courante autrefois ? Avec une cuvette et un broc d'eau, comme ci-dessus et ci-contre. Pas toujours avec de l'eau qu'on avait fait chauffer…

● Pour une toilette plus complète, on utilisait un « tub », c'est-à-dire un grand bassin en zinc, à rebord bas, dans lequel on s'agenouillait. On y versait de l'eau tiède et on s'y lavait avec une éponge.

● La baignoire n'existait que dans les beaux appartements. Avant l'eau courante, elle était remplie d'eau chaude par les domestiques qui la vidaient après le bain. On pouvait aussi commander et louer une baignoire et son eau à la journée.

Robinets des villes…

En 1892, seules 127 000 familles en France ont l'eau potable au robinet, mais le réseau d'adduction d'eau se développe rapidement à Paris et dans les grandes villes. Depuis que Pasteur a dit en 1898 que « nous buvons 80 % de nos maladies », la désinfection de l'eau est décidée. Le traitement au chlore, retenu en 1911 par la capitale, s'impose au reste de la France.

En 1930, 23 % des communes seulement sont pourvues d'un réseau de distribution d'eau et toutes sont des grandes villes. Cet aménagement urbain, qui évite les corvées de fontaine ou la location des services d'un porteur d'eau à domicile, est si utile que les immeubles qui en bénéficient ont un panneau « Eau, gaz, électricité à tous les étages » à la porte d'entrée jusqu'aux années 1940.

… et puits des champs

En 1949, 9 logements sur 10 en zone rurale ne disposent pas d'eau courante. L'alimentation en eau se fait à partir d'un puits situé en moyenne à 26 m de la cuisine, soit 52 m à parcourir aller-retour pour obtenir quelques litres d'eau ! Si le puits est dans une pente en contrebas, la maison se vend ou se loue beaucoup moins cher puisqu'il faut remonter la pente avec des seaux bien lourds. Le rêve des paysans âgés c'est de se retirer dans une maison du bourg, avec le puits à leur porte. Les boulangers de village doivent tous les matins aller chercher 250 litres d'eau à la fontaine municipale, avec tonneaux et charrette, pour leurs fournées de pains du jour… Autant de corvées répétitives qu'on n'imagine même plus aujourd'hui !

L'adduction d'eau est beaucoup plus difficile à réaliser que l'électrification, donc beaucoup plus lente. Mais les efforts de l'État se font massifs dans les années 1960 : 79 % des logements ont l'eau courante en 1962, 91 % en 1968. Aujourd'hui enfin, 99 % de la population a accès à l'eau potable dans son logement. Tout paraît désormais simple. On veut de l'eau ? Il suffit de tourner un robinet.

Quelles installations ?

Dans les campagnes, l'équipement sanitaire se résume longtemps à une pierre d'évier ou bac, bloc calcaire fiché dans le mur, dépassant à l'extérieur pour l'évacuation des eaux usées (la « queue du bac »). Après la guerre, les pompes se multiplient dans les campagnes équipées en électricité, soit pour tirer l'eau du puits avec moins de fatigue, soit pour utiliser l'eau d'une citerne alimentée par les pluies. En période de grande sécheresse prolongée, les pompiers viennent alimenter les citernes des exploitations qui ne disposent d'aucun puits.

Une amélioration très lente

En 1954, 13 appartements parisiens sur 100 disposent d'une installation sanitaire complète (eau courante, baignoire ou douche et wc intérieurs). Dans les communes rurales, ce taux tombe à 6 pour... mille.

Le développement des équipements se fait surtout en ville ou sur le littoral quand il est touristique. À l'échelle du pays tout entier, moins d'un logement

sur deux a une salle de bain en 1968, et à peine plus d'un sur deux des wc intérieurs. La cabane et son trou au fond du jardin ou les pots de chambre dans la table de nuit ont encore de belles années devant eux !

Par ailleurs, jusqu'aux années 1950, les châteaux d'eau ont un niveau de pression et un débit faibles. Ils mettent longtemps à se recharger. Avoir un robinet ne suffit donc pas toujours à obtenir l'eau en quantité suffisante. Certains d'ailleurs n'hésitent pas à se lever la nuit pour remplir en catimini leurs lessiveuses, avant que les voisins n'utilisent l'eau à leur tour le matin ! Ainsi, l'amélioration du réseau d'eau a contribué aussi à pacifier les relations de voisinage !

))) Ci-dessus : un évier avec l'eau courante dans les années 1960. Ci-dessous : un porteur d'eau dans les années 1920.

Quelques dates autour de l'arrivée de l'eau courante au robinet

L'eau potable : saviez-vous que près d'1 Français d'aujourd'hui sur 2 est né dans une famille qui n'avait pas encore l'eau courante à la maison au moment de sa naissance ?

1949 : tous les logements ont l'eau courante en ville, mais seulement 1 sur 10 dans les campagnes (1 sur 20 en Bretagne et Vendée).

Années 1950-1960 : l'adduction d'eau en zone rurale est le grand chantier national.

1968 : 9 logements sur 10 en France ont désormais l'eau courante (le reste est terminé vers 1975-1980), mais 1 logement sur 2 n'a toujours ni salle de bain ni wc intérieurs.

1984 : la salle de bain ou les wc intérieurs manquent encore dans 15 % des logements. Ce chiffre tombe à 2 % en 2000 et ne concerne plus que des maisons anciennes, en zone rurale, habitées par des personnes âgées.

Laver plus facilement

La machine à laver a fait disparaître l'une des corvées les plus longues et les plus pénibles de la vie quotidienne : la lessive du linge. Aussi cet équipement ménager a-t-il été vite très prisé : c'était d'un seul coup comme disposer chez soi des services d'une blanchisseuse à domicile !

La lessiveuse

Du XIXe siècle jusqu'aux années 1950, c'est le règne de la lessiveuse. Les vêtements les plus fragiles sont séparés des autres pour un lavage à la main, le reste du linge est mis à tremper une demi-journée dans des baquets avec de la soude ou de la cendre de bois, puis mis à bouillir plusieurs heures avec de la cendre (puis des lessives industrielles) dans la lessiveuse. Il s'agit d'une sorte de grande marmite à double-fond. De ce double-fond monte une cheminée surmontée d'un pommeau qui arrose le linge d'eau bouillante. L'eau redescend en traversant le linge, retombe au fond puis remonte à nouveau lorsqu'elle s'est réchauffée. Ce cycle, qu'on peut qualifier de presque automatique, dure plusieurs heures.

Le battage à l'eau claire

Le linge sorti de la lessiveuse est relativement propre, mais il faut encore le frotter, le battre, le rincer : des opérations qui se font à la main, en bord de rivière, dans un lavoir muni-

Finie la corvée de lessiveuse

cipal, ou dans des bateaux-lavoirs amarrés sur la Seine à Paris. On empile donc le linge dans d'immenses paniers en osier sur une brouette plate (pas de rebords sur les côtés, un seul à l'avant). Et en route pour le lavoir ! Le plus dur commence : il faut brosser le linge pièce par pièce sur la planche à lessiver, le battre au battoir en bois, le rincer plusieurs fois dans l'eau claire, l'essorer puis le mettre à sécher sur des fils après l'avoir ramené au domicile. Pour avoir moins mal, on s'agenouille dans une boîte en bois garnie d'un coussin. Mais on a quand même mal au dos et le froid crevasse les doigts l'hiver. Le seul côté sympathique de l'affaire, c'est qu'on bavarde avec les voisines... Avec les

Histoire du lavage du linge

* Jusqu'au XIXe siècle, le linge est mis à tremper plusieurs heures dans de l'eau savonneuse, puis ébouillanté à la louche dans un cuvier, à la main pendant des heures. Il s'égoutte pendant la nuit, puis il est savonné à nouveau, brossé, tapé et rincé à l'eau claire d'une rivière ou d'un lavoir.

* La lessiveuse à double fond, qui permet une automatisation des premières étapes et le remplacement du cuvier, date du XIXe siècle.

* La première machine à laver électrique est inventée en 1901 par l'Américain Alva J. Fischer mais va mettre plus d'un demi-siècle à se faire connaître et à se diffuser en Europe.

HIER...

Ennui
Fatigue
Mains abîmées
Usure du linge

AUJOURD'HUI

ÉCONOMIE
RAPIDITÉ
CONFORT

Laver son linge, devient un plaisir grâce aux Laveuses "NEC PLUS ULTRA"

lavandières bien sûr, mais aussi avec d'autres mères de famille qui n'ont pas les moyens de se faire aider. La tradition veut que le lavoir soit le centre de tous les commérages du village et le point de rencontre des mères qui veulent marier leurs enfants !

L'essorage

L'essorage, dernière étape avant d'étendre le linge n'est pas si simple, surtout s'il s'agit de grands draps. Aussi l'essoreuse à manivelle du linge entre deux rouleaux (voir dessin en bas de la page de gauche) représente un réel progrès. Les rouleaux à manivelle commencent à équiper les lessiveuses à partir de l'entre-deux-guerres.

La machine à laver électrique

Quelle révolution quand la machine à laver apparaît après guerre ! Certaines femmes se souviennent même qu'elles ne croyaient pas qu'un tel appareil puisse exister, qu'elles pensaient qu'on leur faisait une blague. Il a fallu qu'elles voient la machine fonctionner chez des amies avant d'y croire !

Bien sûr, au début, les machines n'essorent pas, on doit encore utiliser les rouleaux à manivelle, mais le progrès est énorme.

Éviter l'ancienne corvée de lessive est un tel bonheur que la machine à laver le linge est l'un des équipements ména-gers le plus vite diffusé en France : on passe de 8 % des ménages équipés en 1954 à 87 % en 1988 et la quasi-totalité en 2000. À titre de comparaison, la machine à laver la vaisselle n'existait que dans 2 % des foyers en 1954, 28 % en 1988 et elle est toujours absente aujourd'hui dans plus d'une habitation sur deux. Il faut dire que, en comparaison du linge, il n'a jamais été trop fatiguant de faire la vaisselle...

Aujourd'hui, les seuls à ne pas avoir de machine sont les étudiants, qui rapportent leur linge chez papa-maman, ou les célibataires, qui utilisent les pressings et les laveries automatiques. Le sociologue Jean-Claude Kaufmann a étudié en 1992, dans son livre *La trame conjugale*, le couple à travers son linge. Accepter de faire « machine à laver commune » serait selon lui le premier signe d'une volonté réelle de cohabitation d'un jeune couple.

Des lessives en bord de Vienne en 1942 (en haut) et sur les rives de l'Allier avant 1914.

Lessives d'hier, lessives d'aujourd'hui et publicités

L'essor des lessives : création vers 1900 des premières lessives à base de savon, mais on continue à utiliser aussi, jusqu'à la Seconde Guerre mondiale, les lessives anciennes à base de cendre de bois ou de soude. Puis les lessives industrielles se développent. On retiendra la lessive Bonux, née en 1959, et ses cadeaux dont les enfants raffolaient.

L'essor de la publicité : lessives et machines à laver sont parmi les produits les plus visibles en publicité dès les années 1950. Retenons la fameuse mère Denis (1893-1989), une lavandière à l'ancienne qui vantait à la télévision les mérites de la machine à laver Vedette.

La cuisine s'équipe !

**Que de changements !
Entre la cuisine équipée
en 1900 d'une pierre
d'évier sans eau courante
et d'une cheminée
et la pièce moderne des
années 2000 qui prend
parfois des allures de
laboratoire, le seul point
commun est l'appétit
de l'occupant !**

Comment cuire les aliments ?

Le décalage ville-campagne constaté pour l'eau et l'électricité subsiste ici aussi. Avant 1914, la cheminée reste l'outil essentiel dans les campagnes, pour le chauffage comme pour la cuisine. Les cuisinières à bois ou au charbon font leur apparition pendant l'entre-deux-guerres et restent majoritaires jusqu'aux années 1960. En fonte, elles ont une face avant pourvue de trois portes : une pour alimenter en bois le feu intérieur, une pour le bac à cendres, qu'il faut vider régulièrement et une pour le four, où on laisse l'hiver des briques à chauffer qu'on glisse dans les lits avant de se coucher. Au dessus, un large tuyau se raccorde à l'ancien conduit de cheminée pour évacuer la fumée sans gêne pour l'habitation. La surface de cuisson comporte plusieurs cercles, eux-mêmes découpés en quatre anneaux concentriques. Avec un crochet en fonte, on peut retirer un ou plusieurs anneaux pour que le contact entre la casserole et le feu soit plus direct et la cuisson plus rapide.

Chronologie de quelques outils de cuisine

- **Années 1930 :** la cuisinière au gaz est désormais plus utilisée dans les foyers que la cuisinière à bois et charbon, du moins dans les villes. La cuisinière électrique apparaît mais n'est pas d'usage fréquent avant les années 1970.

- **Années 1950 :** le réfrigérateur fait son entrée dans les maisons et révolutionne les modes de conservation.

- **Années 1960 :** large diffusion des robots ménagers de tous types. Début des congélateurs.

- **Années 1970 :** les boîtes hermétiques Tupperware sont désormais fabriquées en France.

- **Années 1980 :** le lave-vaisselle devient d'usage assez courant.

La cuisinière au gaz s'implante massivement dans les campagnes à partir des années 1960, avec du gaz en bouteilles, car il est rare que le réseau de gaz (dit d'ailleurs « de ville ») arrive jusque là. En milieu urbain, la cuisinière à bois, au charbon ou au gaz de ville est d'usage courant avant 1914. La cuisinière électrique s'implante à partir des années 1970, mais surtout dans les immeubles neufs (certains n'acceptant plus le gaz pour des raisons de sécurité) et dans les familles jeunes (les habitués de la cuisine au gaz ne voulant pas en changer).

Les outils en plus

La seconde moitié du XXe siècle est une période faste pour l'équipement ménager : le niveau de vie augmente et les outils simplifiant la vie se multiplient. La cocotte-minute qui réduit les temps de cuisson donc les dépenses, fait fureur à partir de 1954. Du côté de la conservation des aliments, on passe de 7 % des familles équipées d'un réfrigérateur en 1954 à 98 % dans les années 1990 (40 % ont un congélateur aussi). La machine à laver la vaisselle progresse équipant dans le même temps de 2 à 28 % des ménages. Mais ce sont les robots ménagers qui connaissent le plus grand succès : mixer, batteur, cafetière, grille-pain, hotte, micro-onde...

Pièce à part ou pièce à vivre ?

La cuisine a toujours été dans les campagnes la pièce à vivre où se réunissait la famille. Même chose en ville, sauf pour les maisons ou les appartements bourgeois : la cuisine est alors petite et peu entretenue, reléguée au bout d'un couloir, loin des pièces d'apparat et de réception ; c'est l'univers des domestiques. Dans les constructions neuves d'après-guerre, ce statut inférieur de la cuisine subsiste dans l'esprit des architectes, qui créent des surfaces de cuisine longtemps très petites. Puis la mode des cuisines américaines, très ouvertes sur le séjour, apparaît dans les années 1980. Acheter une « cuisine équipée », aux meubles et ustensiles assortis, devient un idéal populaire.

En haut : une cuisine de 1950, avec carrelage blanc derrière l'évier et deux cuisinières : une au gaz et une au charbon. En dessous : un lave-vaisselle contemporain.

Chronologie de quelques ustensiles de cuisine

1954 : mise au point par Seb de la « super-cocotte » qui prendra officiellement le nom de cocotte-minute en 1977. 130 000 exemplaires sont vendus dès l'année de lancement et 500 000 en 1960 !

1956 : lancement des poêles Tefal à revêtement anti-adhésif.

1972 : diffusion de la cafetière électrique avec bac d'eau et filtre papier.

1974 : Seb invente un grille-pain capable de griller du pain baguette.

1975 : diffusion des premiers fours à micro-onde à prix abordable.

Années 1980 : mise au point de la bouilloire électrique sans fil, qui permet de porter deux litres d'eau à ébullition en moins de trois minutes.

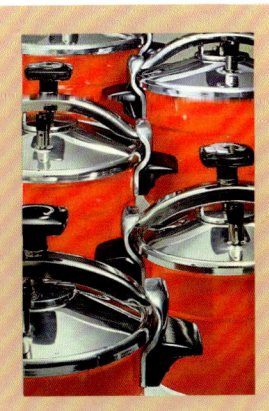

Le décor intérieur

Le décor de la maison a bien changé en un siècle. L'évolution des matières (plastique et contreplaqué dans les années 1950-1960) y est pour beaucoup. Mais les créations et les couleurs imaginées par les designers savent également s'inviter dans nos maisons, même si c'est avec retard.

Des évolutions lentes

Nos murs et nos meubles sont loin d'évoluer au rythme des magazines de décoration et d'architecture d'intérieur. La plupart des gens prennent ainsi leur retraite dans le décor qu'ils avaient mis en place au moment de leur mariage ou après leurs premières années de vie active. Seuls les déménagements ou les sauts technologiques (dans le mobilier de cuisine ou de loisirs) sont susceptibles de renouveler plus vite un aménagement intérieur. Les modes anciennes peuvent donc perdurer pendant un quart ou un demi-siècle, ce sont les jeunes foyers qui introduisent les couleurs et les formes au goût du jour.

La première moitié du siècle

Les maisons et appartements bourgeois privilégient pour longtemps les grandes pièces hautes de plafond aux boiseries peintes et, dans une moindre mesure, les tentures murales. Le papier peint ne décore que les pièces secondaires. Les carreaux sont utilisés au sol pour la cuisine ou la salle de bains. Les autres pièces ont du parquet et des tapis. Le beau mobilier se transmet de génération en génération ou bien s'achète en salle des ventes. Le décor s'inscrit dans une tendance séculaire valorisant l'art et l'ancien.

À l'autre extrémité, dans les maisons modestes, les murs sont peints ou,

pour les plus pauvres, blanchis à la chaux ou au plâtre. Le papier peint, fabriqué désormais à moindre coût, donc accessible, recouvre à partir des années 1920 les murs de la plus belle pièce, souvent la salle à manger (pas de salon). Les tomettes en terre cuite couvrent l'ancien sol en terre battue, elles-mêmes remplacées par du carrelage industriel à partir des années 1940 ou 1950. Les photos agrandies et mises sous verre des jeunes filles de la maisonnée s'affichent et imitent à partir de 1920 les portraits familiaux peints des maisons bourgeoises.

Les années 1950-1960

Les principaux bouleversements se font dans la cuisine, avec l'arrivée de l'électroménager, des réfrigérateurs,

---

Lampes et lumières dans le décor

● Le principe usuel de l'éclairage, jusqu'à l'entre-deux-guerres, c'est la pose d'un plafonnier unique dans chaque pièce : lustre moderne ou ancien réaménagé pour recevoir l'électricité, lampe unique avec son abat-jour en métal ou en verre et son système de monte-et-baisse.

● Années 1950 : on valorise l'ajout de points d'éclairage multiples, avec appliques murales et lampadaires sur pied (au sol ou sur un meuble).

● Années 1960-70 : les spots envahissent les chambres d'adolescents.

● Années 1970-1980, l'essor des lampes halogènes ultra puissantes marque l'essor des lampadaires sur pied. Les plafonniers cessent d'être à la mode et certains appartements modernes n'en prévoient même plus.

des outils modernes et des machines à laver de toutes sortes. C'est l'essor des villes, des HLM, des tables en formica chantées par Ferrat en 1966 dans *La Montagne*. Ceux qui n'ont jamais eu de domestiques pour cirer les bois apprécient ces meubles de cuisine pas chers qu'un coup d'éponge suffit à nettoyer. Pour la même raison, mais aussi parce qu'elles évitent la corvée de lessivage d'une nappe, les toiles cirées (un tissu recouvert de vinyle) prennent leur essor à la fin des années 1950.

La télévision apparaît dans les années 1960 mais reste, dans les familles aisées, un appareil intellectuellement mineur, qu'on cache derrière un paravent ou dans un meuble à panneaux.

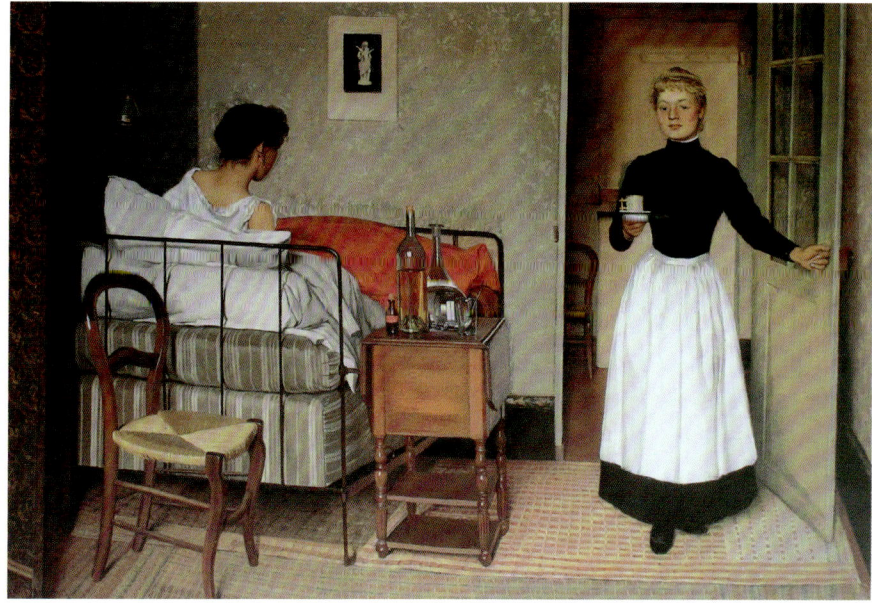

Les années 1970-1980

Avec l'essor du plastique, les années 1970 voient arriver les moquettes dans les chambres, voire dans toutes les pièces (sauf couloirs, cuisine et salle de bains). Les meubles synthétiques prennent des formes ou des couleurs psychédéliques, le papier peint s'impose. C'est la mode des larges motifs jaunes, orangés, noirs ou rouges, couvrant même les plafonds. Les nouveaux matériaux permettent des formes totalement nouvelles, notamment pour les sièges ou les tables avec pied central incurvé. Les meubles en kit, en bois contreplaqué ou en lamellé-collé font

leur apparition : le mobilier, autrefois si cher et solide qu'il accompagnait toute la vie, peut se changer.

Les années 1990-2000

Les couleurs redeviennent plus sobres, c'est le grand retour du blanc, du beige et du brun, sauf pour les chambres d'enfants qui renoncent aux teintes pastels et prennent les couleurs vives de l'arc-en-ciel. On casse les cloisons, les espaces s'ouvrent davantage, vers la lumière ou vers la cuisine qui intègre la salle à manger ou la pièce à vivre. La télévision s'affiche désormais ouvertement partout, occupant souvent la place centrale, avec un écran plat plus grand, qui se donne des allures de cinéma...

Les signes religieux s'effacent

Le crucifix : il était souvent de rigueur dans les chambres, au-dessus du lit ou de la porte, jusqu'aux années 1950.

Le rameau de buis : on plaçait dans la maison, chaque année, un nouveau brin de buis bénit des Rameaux.

Les gravures religieuses : Madone et images pieuses trouvaient leur place dans les chambres d'enfants, un conseil de décoration répété encore dans les années 1950 par Berthe Bernage et les magazines féminins.

Le bénitier : les dames âgées conservaient sur leur table de nuit une petite vasque (à gauche) pour y verser de l'eau bénite rapportée de la messe.

Cours et jardins

Bricolage et jardinage sont les deux activités préférées des Français. 6 foyers sur 10 possèdent aujourd'hui un jardin, qu'il soit potager ou d'agrément et, si on y ajoute ceux qui fleurissent leur balcon ou font pousser des plantes sur leur terrasse, 9 Français sur 10 sont concernés !

Une activité ancienne

En 1900, 6 Français sur 10 vivent à la campagne, bien sûr avec un jardin potager. Ceux qui sont en ville, en grande partie des ruraux déracinés, cherchent à en recréer un, soit autour du pavillon de banlieue, soit dans le jardinet de la cité ouvrière, soit dans les espaces de jardins maraîchers partagés que les municipalités réservent et louent en bord de fleuve.

Ainsi, jusqu'à la période de l'entre-deux-guerres incluse, les familles produisent donc elles-mêmes la plus grande partie de leurs fruits et légumes.

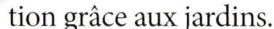

Au service des grèves

Cette activité que même les citadins pratiquent soirs et weeks-ends a une incidence sur les conflits sociaux de cette époque. Les grandes entreprises, dont celles du Nord-Pas-de-Calais qui ont des cités ouvrières avec jardins, savent que les ouvriers peuvent se replier chez eux et tenir une grève sans salaire des semaines durant, parce qu'ils sont autosuffisants en alimentation grâce aux jardins.

Chiffres et dates sur les jardins

● Années 1930 : l'État commence à prendre des arrêtés de protection des plus beaux jardins en France.

● Années 2000 : plus de 2 000 parcs et jardins sont protégés au titre de la loi de 1913 sur les monuments historiques.

● Un jardinier sur deux se passe aujourd'hui de pesticides et d'engrais chimiques et utilise l'eau de pluie.

● La rose, surtout rouge, reste de loin la fleur préférée des Français, présente dans tous les jardins.

● Un million d'hectares : c'est la surface cumulée totale de tous les jardins en France, soit quatre fois celle des espaces naturels publics.

Cour et jardin avant 1950

L'organisation traditionnelle de l'espace autour de la maison est la suivante : une cour ou un jardin d'agrément par-devant, un jardin potager et fruitier par-derrière. Seules les familles les plus aisées consacrent l'intégralité de leur surface au jardin d'agrément, pour la détente et le repos familial.

À l'avant, la cour constitue une aire de jeux pour les enfants : on y pose un tas de sable, on y accroche une balançoire à un arbre, on y installe l'été une table et des chaises qui permettent de jouer aux cartes... Dans les campagnes, c'est là que se trouve la niche du chien de garde et que, pendant long-temps, les volailles courent en liberté.

Les pavillons de l'entre-deux-guerres font encore la part belle au jardin de l'arrière. L'espace réservé à l'avant de la maison se réduit, n'offrant plus qu'une entrée gravillon-neuse en avant du domicile, avec au mieux des hortensias ou quelques buis encadrant le petit perron et la porte.

Après 1950

À partir de 1950, l'organisation de la cour et du jardin se transforme radi-calement pour les maisons neuves : la voiture est apparue et de nombreux foyers s'en équipent. S'il n'y a pas de garage donnant directement sur rue,

l'espace devant la maison s'allonge (il faut que l'automobile puisse y station-ner). Cet espace avant n'est plus occupé que par du gravier ou par une pelouse (pas ques-tion de rouler sur les fraises et les salades !). L'inconvénient, c'est que la surface du jardin de l'arrière se voit réduite d'autant.

Quant aux immeubles, ils sont bien évidemment totalement dépourvus de jardins, mais les villes en louent sou-vent à leur périphérie. Puis, à partir des années 1970, l'écologie prône une sorte de « retour au vert » citadin et la transformation des rebords de fenê-tres, des balcons et des terrasses en jardinets miniatures. Fleurs, fraisiers et herbes aromatiques... poussent désormais au milieu du béton !

Balançoires et portiques dans les cours et jardins

Avant guerre : il existe déjà des balançoires pour les enfants. Les parents les réalisent eux-mêmes, avec deux grosses cordes et une planche trouée qu'ils accrochent à la branche solide d'un arbre du jardin ou de la cour.

Années 1970 : les squares publics s'équipent de jeux, balançoires, toboggans et tourniquets divers ; pour les particuliers, c'est le grand essor des portiques, surtout dans les jardins des pavillons des zones urbaines ou de leur périphérie.

Années 1980 : les sièges des balançoires sont désormais en plastique et plus en bois (à cause des échardes), les cordes sont remplacées par des chaînes ou du nylon. Barres ou balancelles à deux complètent souvent les portiques.

Médor et Minou

Avec autant d'animaux familiers que d'habitants, la France bat les records ! La situation n'était pas la même autrefois. Le chien et le chat étaient d'abord considérés comme des bêtes très utiles avant d'être perçus comme des compagnons d'agrément.

Le chien d'hier à aujourd'hui

En 1900, 40 millions de Français possédaient 3,2 millions de chiens. En 2000, 60 millions de Français en ont 13 millions. Une augmentation considérable et d'autant plus étonnante que la population vit désormais en ville plutôt qu'à la campagne.

L'évolution de la population canine est bien connue parce qu'il existait autrefois une taxe municipale sur les chiens. En 1913, elle rapportait à l'État plus de 10 millions de francs, à raison de 1,60 franc par chien de garde, de berger ou d'aveugle, et de 6,92 francs par chien d'agrément ou par chien de chasse. Les propriétaires devaient faire une déclaration annuelle de leurs chiens en mairie. Cette taxe oubliée n'a été abrogée qu'en 1971, mais il y avait des années déjà que son rendement diminuait et que sa perception devenait difficile.

Jusqu'en 1911, date d'une interdiction administrative, le chien pouvait aussi servir d'animal de trait. Beaucoup de colporteurs des années 1900 faisaient tirer par leur chien leur petite voiture de marchandises. Un bon chien docile pouvait tracter de 80 à 100 kg à une vitesse moyenne de 6 à 8 km/h. Même si les dames des villes prenaient déjà plaisir à promener un bichon, le chien était donc d'abord et avant tout un compagnon de travail.

À la campagne, le chien d'autrefois avait rarement le droit d'entrer dans les maisons. Il restait dans sa niche s'il gardait l'habitation, ou dans un chenil s'il faisait partie d'une meute de chasse. Il se nourrissait des restes ou des pâtées qu'on lui préparait.

Le chat d'hier à aujourd'hui

Le chat aussi était grandement utile. Surtout dans les fermes où, faute de pièges efficaces ou de mort-aux-rats, sévissaient les rongeurs. En revanche, l'évolution de la population féline est mal connue, puisque les chats n'étaient pas taxés et qu'il n'y a que vingt ans qu'on effectue une collecte d'informa-

L'espérance de vie de nos animaux favoris

• Comme pour l'homme, l'espérance de vie des animaux domestiques a considérablement augmenté au cours du XXe siècle. Les chiffres ci-dessous ont été établis dans les années 2000, pour des animaux bien soignés.

• Canari : 7 à 10 ans.

• Chat : 10 à 25 ans selon les races.

• Chien : 12 à 18 ans selon les races.

• Cochon d'Inde : 7 à 10 ans.

• Hamster : 2 ans (mais 4 ans pour le hamster doré).

• Lapin : 5 à 8 ans.

• Perruche : 6 à 18 selon l'espèce.

• Poisson rouge : 5 à 10 ans dans une pièce d'eau, 3 mois en bocal.

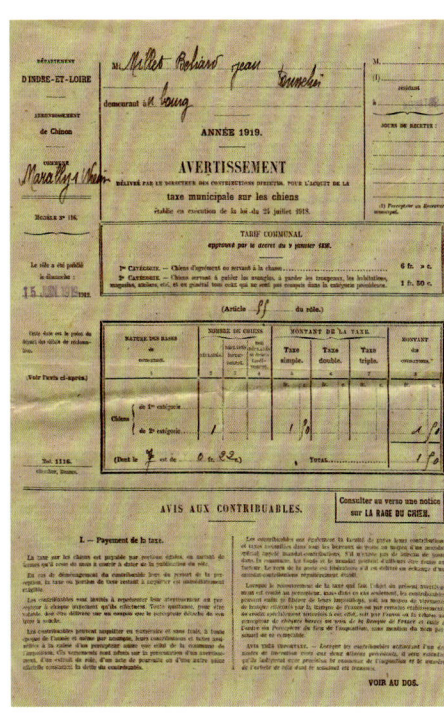

Un relevé fiscal de 1919, pour paiement de la taxe sur les chiens.

tions annuelle sur la population d'animaux familiers en France.

Contrairement au chien, le chat a toujours eu le droit d'entrer dans les maisons, d'y chasser les souris... et d'y dormir au chaud près de la cheminée ou près du poêle. Du moins pendant la journée. Car, le soir, le minou était mis dehors : les granges, les écuries et les fenils étaient vastes et suffisaient à ce qu'il trouve à s'abriter pour la nuit.

En 2000, six millions de chats sont comptabilisés en France. Contrairement aux chiens, dont la population diminue sur la décennie 2000-2010, le nombre de félins augmente désormais de façon importante tous les ans.

Le virage des années 1960-1970

Jusqu'aux années 1950-1960, chiens et chats vivent de ce qu'ils chassent ou des restes qu'on leur laisse. C'est au cours des années 1960-1970 que les aliments industriels préparés pour animaux apparaissent. Ce secteur représente aujourd'hui trois milliards par an. Les supermarchés le savent, quand l'économie est en crise, les familles rognent sur leur consommation mais jamais sur la nourriture de leur animal. Le rayon connaît toujours des chiffres de vente stables.

Mais le rapport de l'homme à son chien ou à son chat n'a plus rien à voir avec le lien qui existait entre eux dans les années 1900. La BD *Boule et Bill*, née en 1959, traduit bien ce nouvel état d'esprit : l'animal devient un compagnon de jeu pour l'enfant, dans un cadre désormais urbanisé.

Les conséquences ? C'est que l'animal familier devient sur la fin du siècle une marchandise comme une autre. On choisit et on achète son futur compagnon sur catalogue ou en animalerie au lieu de recevoir gratuitement le chiot ou le chaton d'un voisin. Et on privilégie par snobisme les races à la mode au lieu d'adopter un chat de gouttière affectueux ou un chien au pedigree bien incertain.

⬤⬤ De haut en bas : un chat d'aujourd'hui, un chien de 1940, un autre de 1920, photographié en studio avec son jeune maître.

Poissons rouges, canaris et autres animaux de compagnie

Poisson rouge : il est l'animal de compagnie le plus répandu : plus de 35 millions de poissons rouges vivent aujourd'hui en France ; plus de 8 % des familles en ont au moins un.

Canari : leur nombre exact n'est pas connu, mais plus de 4 000 éleveurs sont répertoriés.

Tortue : leur nombre exact n'est pas non plus connu. Il existe de nombreuses espèces, la commercialisation de certaines est interdite. Il est interdit d'en posséder plus de six.

La France ? un record : plus d'une famille sur deux possède aujourd'hui un ou plusieurs animaux familiers. On appelle NAC (nouveaux animaux de compagnie) des espèces devenues des animaux de compagnie depuis les années 1970 : hamsters, cochons d'Inde et petits rongeurs divers, furets, lapins... jusqu'à des lézards ou des serpents !

La vie, les amours

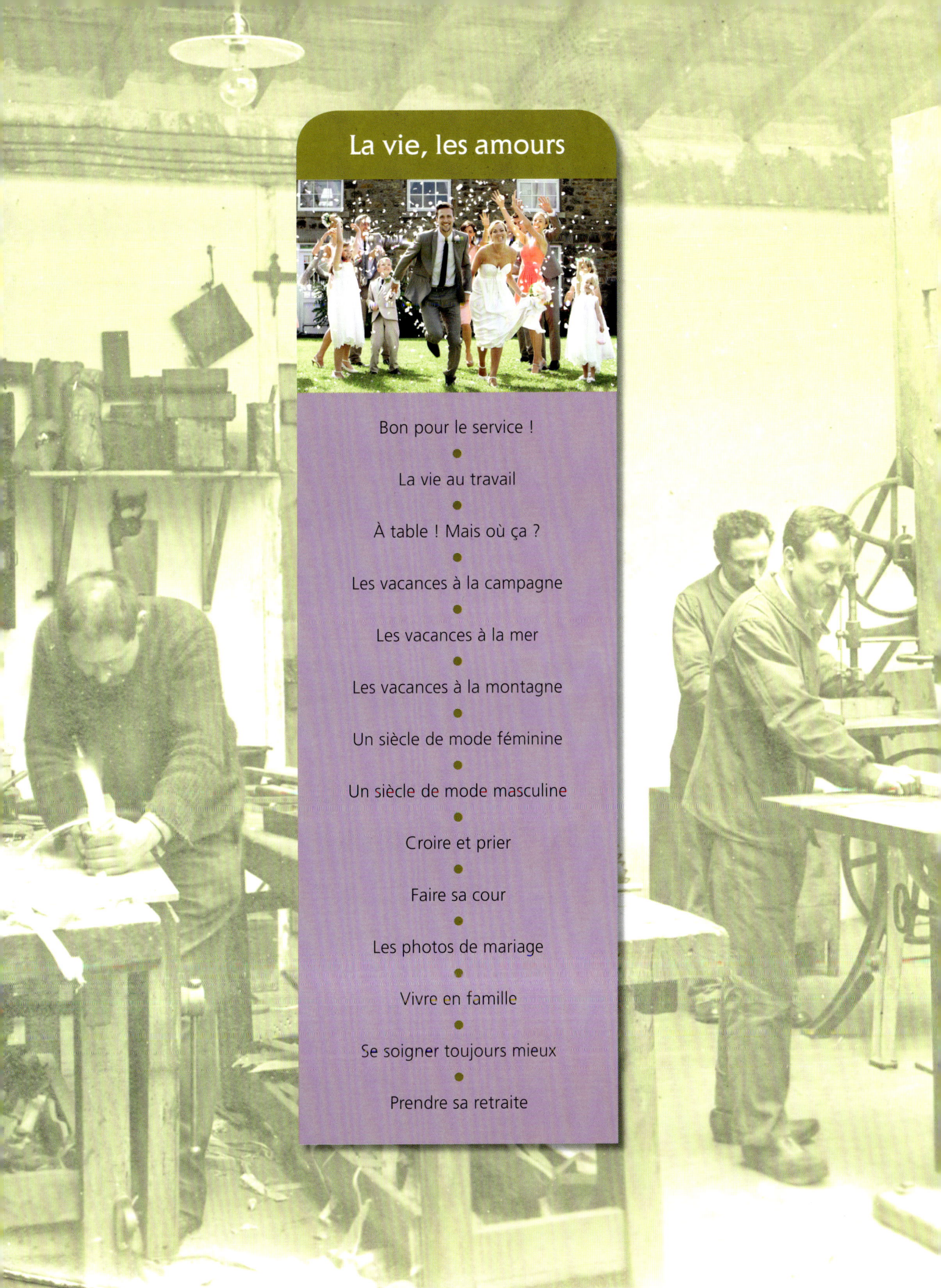

Bon pour le service !

1921

Le principe du service militaire date de la Révolution française et des levées en masse de 1792-1793. Ses fondements légaux ont donc été posés bien avant 1900. Néanmoins, on peut affirmer que le XXe siècle est en France véritablement celui du citoyen sous les armes.

Une fête du Père Cent vers 1935.

Quelques mots du vocabulaire du conscrit

- Bidasse ou pioupiou : soldat appelé.
- Libération : retour à la vie civile.
- Père Cent : centième jour avant d'être libéré.
- Quille, la classe ou zéro : le jour de la libération.
- Au jus : le temps restant avant la quille (75 au jus : il me reste 75 jours de service à faire).
- Juteux : l'adjudant.
- Classes : période d'apprentissage de la vie militaire, premières semaines suivant l'incorporation.
- Bleu-bite, le bleu ou la bleusaille : jeune conscrit, qui n'a pas terminé ses classes.

Le service militaire avant 1914

En 1900, l'armée vit sous le régime de la loi de 1889, dite « loi Freycinet », qui limite les exemptions (désormais enseignants, séminaristes et élèves des grandes écoles sont concernés par le service militaire). Elle fixe la durée du service actif à trois ans. Cette loi, qui fait affluer dans les casernes des générations entières de jeunes gens et brasse toutes les couches de la société, est remplacée en 1905 par la loi Berteaux, dont on ne retient généralement que la réduction du service actif à deux années. C'est oublier que cette loi est la première à mettre en place un service militaire véritablement universel, en supprimant les dernières exemptions, les remplacements et le tirage au sort. Désormais, les seuls Français qui puissent espérer échapper à l'appel sous les drapeaux sont les réformés pour raison médicale.

La loi de 1905 posait le principe de l'égalité de tous pour la défense de la Nation, mais la réduction du temps de service ne permettait pas de combler l'écart grandissant entre les effectifs militaires français et allemands. C'est la raison pour laquelle la « loi des trois ans » est adoptée en 1913. En revenant à trois années de service actif, elle gonfle l'armée active jusqu'à 750 000 hommes immédiatement utilisables en cas de mobilisation. C'est sous ce régime que l'armée française part en guerre en août 1914.

Raccourci puis supprimé

À partir de 1923 commence un mouvement régulier de réduction du temps de service actif. Ainsi, au fil des lois, passe-t-on de 3 ans (1913) à 10 mois (1990). On note toutefois deux exceptions à cette évolution. En 1935 tout d'abord, la montée des périls conduit le gouvernement à porter le service actif de un à deux ans. Mais cela ne suffira pas à combler l'écart avec les effectifs de la Wehrmacht... comme on s'en rendra compte en 1940. Pendant la guerre d'Algérie ensuite, les nécessités de la « pacification » exigent le maintien sous les drapeaux de certains contingents pendant 30 mois. Les lois de 1996-1997 enfin, en supprimant le service militaire actif, mettent un terme à 200 ans d'organisation militaire française. C'est en 2001 que les tout derniers appelés quittent définitivement l'uniforme.

Une culture commune

Toutefois, l'histoire du service militaire ne saurait se résumer à une liste de lois et de durées du service actif. C'est aussi, et surtout, un fait social et culturel exceptionnel. Ainsi, pendant plus d'un siècle, des jeunes gens de milieux sociaux variés se sont-ils côtoyés dans les chambrées et sur les terrains de manœuvres (quand ce n'était pas sur le champ de bataille), offrant ainsi au pays le plus remarquable des creusets. C'est ainsi que sont tombées bien des barrières entre les catégories sociales, mais également entre les régions. C'est ainsi, également, que s'est constituée une véritable « culture du bidasse » commune à tous les hommes et faite de traditions, d'un vocabulaire, de représentations et de cérémonies propres. Si l'on célébrait quasi-religieusement la mort du Père Cent entre les deux guerres, on préparait sa quille dans les années soixante. Avec ses traditions de plus ou moins bon goût, le service militaire s'est présenté comme un véritable rite de passage à l'âge adulte pour des millions de jeunes

français : la « boule à zéro », le port de l'uniforme, l'apprentissage de la vie en collectivité, les bizutages, l'acquisition de souvenirs communs, les diverses formations reçues à l'armée (du démontage des armes au permis de conduire), les inévitables « cuites » avec les camarades de chambrée, voire les soirées d'initiation au bordel de la garnison avant guerre...

La grande époque du service militaire fut également celle pendant laquelle l'armée française fut plus que jamais imbriquée dans la société. Chaque ville de province possédait sa caserne et l'on croisait les « pioupious » en goguette dans les rues. On imagine le poids économique de ces garnisons dans des cités de taille parfois modeste. Du *Je n'suis pas bien portant* d'Ouvrard au *Rire du sergent* de Michel Sardou, la culture militaire se diffusait alors dans la population et, par répercussion, cette dernière connaissait bien « son » armée, au point d'aller « la voir et la complimenter » chaque fois que l'occasion se présentait. C'est en cela que l'on peut affirmer que la fin du service militaire aura eu au moins une conséquence néfaste : la rupture du lien séculaire qui unissait, pour le meilleur et pour le pire, l'armée et la nation françaises.

Régiment d'artillerie, 1908.

Régiment d'infanterie vers 1932, caserne Baraguey d'Hilliers, Tours.

Un grand classique : la photo des camarades de chambrée, 1989.

La durée du service militaire et son évolution
1889 : « loi Freycinet », le service militaire actif est de trois ans.
1905 : « loi Berteaux », service actif de deux ans.
1913 : « loi des trois ans », service actif de trois ans.
1923 : service actif de 18 mois, **1928** : service actif de 12 mois.
1935 : service actif de deux ans, **1946** : service actif de 12 mois.
1950 : service actif de 18 mois, **1963** : service actif de 16 mois.
1970 : service actif de 12 mois, **1990** : service actif de 10 mois.
1996-1997 : suspension du service militaire actif.
2001 : libération des derniers appelés.

La vie au travail

Des arrière grands-parents paysans ou artisans, des grands-parents ouvriers ou fonctionnaires, des parents employés ou cadres et des enfants qui cherchent leur voie : ce raccourci généalogique montre combien la France au travail s'est transformée en un siècle.

1900 : un monde de ruraux et d'artisans

Au début du XXe siècle, 40 % des Français sont à leur compte : paysans, artisans, commerçants... Ils n'ont d'autres horaires que ceux qu'ils se donnent et les salariés sont perçus comme des domestiques.

Au total, en ajoutant les saisonniers, journaliers et salariés agricoles, c'est un Français sur deux qui travaille dans l'agriculture en 1900 (contre 3 sur 100 maintenant). Ils vivent sur des exploitations de 10 hectares en moyenne (55 hectares aujourd'hui), mais ils commencent à les quitter. Le terme d'exode rural a même été créé cinq ans plus tôt pour mettre un mot sur ces départs. C'est bientôt la fin du « temps des paysans ».

Le reste des actifs se partage presque à égalité entre l'univers de l'industrie et le tertiaire. Dans cette dernière catégorie, les domestiques sont deux fois plus nombreux encore que les fonctionnaires, mais leur nombre chute. C'est bientôt la fin du « temps des bonnes » aussi.

1950 : un monde d'ouvriers

Les agriculteurs représentent à peine plus d'1 actif sur 4 au lieu d'1 sur 2. Le monde de l'industrie et du bâtiment regroupe 35 % des travailleurs. Il est d'autant plus visible qu'il est regroupé en vastes usines pouvant rassembler des milliers de salariés, qu'il est syndiqué et qu'il dispose d'une forte capacité de mobilisation

De haut en bas : un monde rural qui s'efface (photo de 1928), des emplois du tertiaire en téléphonie (1957), des ouvriers en usine (2000) et un comptable (1990).

Quels horaires pour les salariés ?

- 1900 : la durée du travail est limitée à 11 heures par jour.
- 1906 : le dimanche est instauré jour de repos hebdomadaire.
- 1919 : la durée du travail est limitée à 8 heures par jour.
- 1936 : la loi prévoit pour les salariés deux semaines de congés payés. Le temps de travail ne doit pas dépasser 40 heures par semaine.
- 1956 : on passe à trois semaines de congés payés obligatoires.
- 1959 : on passe à quatre semaines de congés payés obligatoires.
- 1982 : la durée du travail est limitée à 39 heures par semaine et on passe à cinq semaines de congés.
- 2002 : la durée du travail est limitée à 35 heures par semaine.

ou de blocage. Les grèves de 1936 sont encore dans les esprits et celles de 1968 ne sont pas loin... Mais le secteur tertiaire emploie déjà 38 % de la population et la fin du « temps des ouvriers » s'approche à son tour. En 1950, le petit commerce représente encore 90 % du chiffre d'affaires du commerce, mais l'arrivée des super marchés va les faire disparaître en quelques décennies.

2000 : un monde d'employés

Incluant les fonctionnaires, commerçants, employés administratifs et des services, le secteur tertiaire regroupe désormais les deux tiers des travailleurs. Les dernières années du siècle sont aussi celles du chômage (passant de 2,5 % en 1970 à plus de 10 % des actifs). Ce sont aujourd'hui les petites entreprises qui créent des emplois et celles de plus de 500 salariés qui en suppriment. Mais les Français ne se sont pas remis à leur compte comme au début du siècle, puisqu'ils ne sont qu'à peine 9 % d'indépendants.

Le salaire en espèces

Vous souvenez-vous que, avant 1971, les salaires étaient versés par semaine et pas par mois ? Et qu'en 1900, on pouvait même se faire payer chaque soir si besoin ? Le salaire était remis dans une enveloppe cachetée, souvent en espèces (depuis 1987 : par chèque ou virement au-dessus d'un certain montant). Des primes d'assiduité s'ajoutaient s'il n'y avait eu ni absence ni retard.

Combien d'années de travail ?

Qui se souvient que, en 1936, une personne sur deux commençait à travailler à 12 ans et que une sur deux travaillait encore à 72 ans ?

Aujourd'hui, l'emploi se centre sur les 25-54 ans, soit un cœur d'activité de 30 ans au lieu de 60 ! Comme les heures supplémentaires diminuent à partir de 1965 et disparaissent (ou presque) à partir de 1980 et que le temps partiel a commencé à croître à la même période, on travaille sans conteste de moins en moins...

Ci-dessus : un atelier de menuiserie et une épicerie, tous deux du début des années 1950.

Le travail des femmes

1900 : les épouses d'agriculteurs travaillent, mais sans statut reconnu avant 1906. En dehors du monde agricole, 38 % des femmes travaillent.

1950 : hors agriculture, 35 % des femmes travaillent, soit une légère baisse. À travail égal, les salaires des femmes sont inférieurs (de 25 % à 50 %), une inégalité confirmée par les accords Matignon de 1936. Seules les institutrices ont, depuis 1919, le même salaire que leurs homologues masculins.

1980 : 43 % des femmes d'âge actif travaillent (70 % des hommes au même moment), une part qui ne cesse de monter depuis les années 1960.

2010 : il y a désormais presque autant de femmes que d'hommes en activité.

À table ! Mais où ça ?

Le repas du soir, on le prend chez soi, hier comme aujourd'hui. Sauf bien sûr en cas de sorties chez des amis ou au restaurant, exceptions qui confirment la règle. Le repas de midi en revanche, au beau milieu de la journée de travail, s'est considérablement transformé.

L'arrivée en France des restaurants McDo

- 1972 : un premier essai d'implantation est tenté à Créteil.
- 1979 : le premier restaurant officiel Mac Donald's ouvre à Strasbourg. La France est le 9e pays dans lequel la marque s'implante.
- 1983 : les Chicken McNuggets sont ajoutés aux menus.
- 1993 : des petits-déjeuners sont désormais proposés (McMorning).
- 2014 : chaque jour, 1,7 million de Français consomment un repas dans un McDonald's. La France compte plus de 1 200 restaurants de cette enseigne, dans 934 communes. Le plus important McDo du monde en chiffre d'affaires est celui de Disney Village à Marne-la-Vallée.

Avant 1950

Avant guerre, les agriculteurs qui partaient travailler dans leurs champs pour la journée et les ouvriers embauchés en usine emportaient une baguette et du fromage ou bien une gamelle, c'est-à-dire un repas préparé à la maison et placé dans une boîte. La gamelle était en métal ou en tôle émaillée, souvent pourvue de deux compartiments pour y mettre des plats différents ou séparer viande et légumes. On pouvait faire réchauffer le contenu directement dans la gamelle. Pour boire, le travailleur emportait une bouteille (un tiers de litre d'eau mêlée de vin), un mini-tonnelet ou un thermos.

Pour les travaux des champs, le repas était pris sous un arbre, sur un talus. En usine, il était mangé au poste de travail ou bien dans le réfectoire de l'entreprise (il fallait faire vite car la pause du midi ne durait souvent que vingt minutes).

Pour les employés de bureau, la coupure du midi était beaucoup plus importante, de une heure et demie à deux heures de battement, ce qui permettait à la plupart des salariés de rentrer déjeuner chez eux.

Les années 1950-1960

Certaines entreprises avaient mis sur pied dès le XIXe siècle des systèmes de cantine ou de restaurant d'entreprise, mais elles étaient rares. Avec la création des comités d'entreprise en 1945, dont la restauration collective est l'une des principales prérogatives, les cantines d'entreprises commencent à se multiplier. Mais il n'y a en 1960 encore que 4,7 km en moyenne

Une cantine d'entreprise en 1961 (en haut) et en 2000 (au-dessous).

à parcourir entre la maison et le lieu de travail. Plus d'une personne sur deux est employée dans la commune où elle vit. Il est donc facile et moins cher de rentrer déjeuner chez soi que d'utiliser l'éventuelle cantine. Près de 40 % des salariés rentrent ainsi chez eux pour le midi, surtout s'ils sont mariés et que le conjoint ne travaille pas. Pour rentrer à la maison, marche à pied et vélo sont les moyens de locomotion privilégiés en ville, les bus, tramway et trains choisis pour les trajets inter-communaux.

Après 1970

L'urbanisation s'accroît toujours et la distance du domicile au lieu de travail augmente. En 1901, même si une personne sur deux vit pourtant là où elle travaille, la distance moyenne entre le domicile et le lieu de travail est passée à 19,5 km. Le temps de trajet moyen est de 26,5 mn (soit 53 mn par jour pour l'aller-retour), avec des contrastes importants selon les régions, puisqu'il faut compter 36 mn (soit 1 h 12 pour l'aller-retour) pour ceux qui vivent en banlieue parisienne.

En 2008, le trajet moyen est monté à 31,8 km (aller). La durée n'a pas trop augmenté car le déplacement se fait désormais en voiture dans près des deux tiers des cas. Et il n'y a plus que 28 % des salariés qui retournent encore chez eux à midi.

De nouveaux modes de vie

Les années 1970 sont marquées par l'essor des cantines (toutes les grandes entreprises ont désormais la leur) et des sociétés de restauration collective. De 1975 à 2000, le nombre de repas fabriqués industriellement a été multiplié par 4,5. Ces mêmes années ont vu la mise en place de la « journée continue ». En usine, c'était habituel. Mais la réduction du temps de déjeuner dans les bureaux (dorénavant trois quarts d'heure ou une heure) est une grande nouveauté. Le but est de permettre à chacun, compte tenu de l'allongement des trajets, de rentrer plus tôt le soir. La conséquence est l'augmentation du nombre de repas grignotés sur le pouce. On utilise la fameuse gamelle, devenue boîte plastique hermétique apportée le matin, la cantine ou les chaînes de restauration rapide. Les réseaux de sandwicherie et de burgers se multiplient à la fin des années 1970.

Dans les bureaux apparaissent aussi à cette époque les machines à café… pour des petites pauses supplémentaires entre collègues en journée.

Dans les champs comme en usine, on emportait souvent son repas de midi avec soi. Ci-dessus : en 1919.

Les évolutions du sandwich en France

Avant les années 1970 : les sandwiches sont faits maison ou achetés en boulangerie.

Années 1970 : les supermarchés proposent à leur tour des sandwiches ; des réseaux de sandwicheries commencent à se monter un peu partout en France.

1976 : date de création de la chaîne Brioche Dorée.

1985 : date de création de la chaîne La Mie Câline.

1990 : date de lancement des franchises de boulangerie Paul.

2014 : chaque jour, 5,4 millions de sandwiches sont achetés en France. La moitié sont des jambon-beurre-baguette, à 2,71 € en moyenne. Deux sandwiches sur trois sont faits avec du pain baguette. Les ventes de sandwiches ne cessent de grimper (+ 40 % sur les cinq dernières années).

Les vacances à la campagne

Avec les congés payés de 1936, les salariés ont désormais deux semaines de vacances. Qu'en font-ils ? Où vont-ils ? L'idée reçue qu'ils partent tous à la mer est bien fausse. La plupart restent chez eux se reposer. Quant aux autres, ils partent à la campagne... aider leur famille aux travaux de l'été !

Avant 1936

Avant la création des congés payés, ceux qui travaillent ne sont pas payés s'ils s'absentent. Les artisans et commerçants, encore très nombreux, peuvent organiser leur temps comme ils le veulent, mais n'ont pas non plus de revenus s'ils prennent du repos. Pour les agriculteurs, pas question de s'arrêter s'il y a bétail et basse-cour. Quant à voyager, ce n'est même pas envisagé.

Seuls les plus aisés parcourent la France. Découvrir le monde fait partie de la formation de tout jeune homme de bonne famille. Dans l'aristocratie, on garde le principe de la double résidence (Paris l'hiver, le château l'été), voire de la triple résidence (avec les villes d'eaux ou la mer en plus).

De 1936 à 1950

À partir de 1936, les salariés ont deux semaines de libres et de payées. Qu'en font-ils ? Rien ou presque. La plupart d'entre eux restent se reposer chez eux (une fois n'est pas coutume !).

 De haut en bas : vacances dans le parc familial en 1907, avec la nounou ; camping rudimentaire et feu de camp pour la préparation du repas en 1932 ; vacances utiles en 1965 pour aider les cousins à faire les vendanges : tous les âges s'y mettent.

Petite chronologie des vacances rurales

- 1948 : création du Centre national du tourisme.
- 1951 : création du premier gîte rural en France.
- 1957 : création du premier « son et lumière » au Lude, dans la Sarthe.
- 1959 : les départements créent des syndicats d'initiative.
- 1965 : naissance du tourisme rural impulsé par le ministre de l'Agriculture Pisani.
- 1967 : la SNCF lance le billet de congé payé et crée la carte jeune.
- 1971 : création d'offices de tourisme dits de « pays ».
- 1982 : création des chèques-vacances.

Quant aux autres, ils prennent plaisir à retourner à la campagne dans leur famille. À cette époque, tout le monde ou presque a encore des parents agriculteurs. Les deux semaines à la ferme sont donc moins l'occasion de se reposer que de « donner un coup de main » aux travaux des champs.

Enfin, quelques couples profitent de ces vacances inespérées pour partir en pèlerinage, à Lourdes ou à Lisieux par exemple, en dehors des voyages organisés par les paroisses.

Très peu de salariés vacanciers de cette époque-là entreprennent encore un voyage « gratuit », c'est-à-dire sans but précis, pour le simple plaisir.

Les années 1950-1960

Après-guerre, beaucoup de jeunes sillonnent les routes de France à vélo. À deux, trois ou quatre, ils visitent à la force du mollet les châteaux de la Loire, la Sologne, le Massif Central ou même les Alpes et les Pyrénées. Pour se loger, ils s'arrêtent dans la famille ou campent (la tente est dans le sac à dos). Ainsi entre 1955 et 1960 le nombre de places de camping quadruple. Pourtant, il n'y a encore qu'un Français sur quatre qui part en vacances en 1960.

1970 et après

En 1974 enfin, 50 % des Français partent en vacances au moins une fois dans l'année (65 % aujourd'hui). Les générations nées dans les années 1940 se sont habituées à partir et montrent l'exemple.

La campagne perd dans un premier temps sa prédominance (elle n'attire que 26 % des vacanciers en 1988), mais revient ensuite à la mode (30 % des vacanciers en 2007). Le goût pour l'écologie ou pour la marche de randonnée (devenue le sport national préféré), le désir d'éviter des lieux surpeuplés trop touristiques, mais aussi l'attrait nouveau pour la généalogie et les villages où ont vécu les aïeux des siècles passés... tout cela contribue au regain.

De haut en bas : pique-nique de 1948, randonneurs de 1954...

... et des enfants photographiés en bord de rivière en 1964.

Le développement des parcs naturels et des sentiers de grande randonnée

1913 : création d'un parc national du Pelvoux et d'une réserve des Sept-Îles pour les oiseaux.

1948 : les premiers sentiers de grande randonnée (GR) sont tracés par un comité devenu Fédération française de la randonnée pédestre, pour promouvoir la découverte des sites naturels et des paysages ruraux. Aujourd'hui, la longueur totale des sentiers balisés représente 60 000 km. Ils sont homologués s'ils sont entretenus et s'ils empruntent des chemins goudronnés sur moins de 30 % de leur parcours.

1960 : la loi crée les parcs nationaux, avec des règles très strictes de protection de la faune et de la flore.

1967 : création par décret des parcs naturels régionaux pour préserver les patrimoines territoriaux.

2014 : il existe en France 10 parcs nationaux et 48 parcs naturels régionaux (dont 2 dans les Dom), composés à 37 % de forêts, à 40 % de surfaces agricoles. On estime à 15 millions le nombre de randonneurs par an.

Les vacances à la mer

À partir des années 1950, les Français utilisent de plus en plus leurs congés payés pour partir en bord de mer. La campagne ancestrale et la montagne sont délaissées au profit des plages. En 1970, un Français sur deux se retrouve ainsi en famille au soleil sur la plage l'été.

L'engorgement des plages

De 1936 aux années 1970, les vacances sont en général prises d'un seul bloc. En 1964 par exemple, seuls 5 % des gens morcellent leurs congés. La période retenue par la quasi-totalité des touristes est l'été car le soleil est devenu synonyme de loisir. Le mois d'août, choisi comme mois de fermeture par de nombreuses entreprises pour se simplifier le casse-tête des poses de congés, se retrouve donc majoritairement pris dans les années 1960-1970. Un mois où les départs massifs font alors chuter de 60 % le PNB mensuel du pays. Le général de Gaulle se permet même d'ironiser sur ces mouvements massifs en disant que si les Russes attaquaient la France en août, ils seraient sûrs de gagner : les Français étaient tous sur le sable !

Comme il y a autant de vacanciers l'été (en comptant les touristes étrangers) que de population totale en France, l'organisation à l'arrivée doit être bien faite car les bords de côte s'engorgent : La Baule par exemple,

Le palmarès des plages en France

● Au XIXᵉ siècle, on va vers Dieppe (1820), Trouville (1834), Biarritz (1854), Arcachon, Deauville et les plages normandes (1860), Granville (1870), Royan (1875), Pornichet, Le Croisic et La Baule (1880-1900).

● 1900-1910 : on privilégie Dinard et la côte nord de la Bretagne.

● Années 1930 : les hôtels de la côte d'Azur cessent de fermer de mai à septembre et de n'ouvrir que l'hiver pour les Anglais, les Français y viennent enfin eux aussi.

● Années 2000 : palmarès d'Ouest en Est : Finistère, Morbihan, Loire-Atlantique, Vendée, Charente-Maritime, Pyrénées-Orientales, Hérault, Var et Alpes-Maritimes.

qui compte 15 000 habitants l'hiver passe à 200 000 l'été, Saint-Pair près du Mont-Saint-Michel passe de 2 000 à 10 000 habitants, etc. Pendant les Trente Glorieuses, se construisent en grand nombre et à grande vitesse des maisons de vacances, des locations, des campings, des hôtels...

L'engorgement des routes

Si le train est majoritairement choisi pour les départs en 1951 (60 %), il tombe en dessous des 50 % en 1957 et à 11 % en 1979. Et comme à cette époque les vacanciers partent tout de suite, le lendemain matin du dernier jour de travail, les routes deviennent les spectacles d'une nouvelle transhumance les jours de grand départ. Le record reste en France le samedi 2 août 1975. À onze heures du matin, la route nationale vers l'Espagne est couverte sur 150 km de véhicules à l'arrêt. Au total la longueur des bouchons atteint 600 km sur toute la France ! Et comme les prévisions indiquent un doublement du trafic tous les deux ans, on crée en catastrophe Bison futé l'année suivante, en 1976, pour tenter d'échapper à la paralysie des routes. Vous en souvenez-vous ? Lors des jours repérés comme « rouges » ou « noirs », on flèche des itiné-raires de dérivation, on donne des conseils de dates et d'horaires d'aller et de retour, on mobilise 50 000 gendarmes supplémentaires, on goudronne, on allonge le réseau autoroutier, on ajoute plus de 200 trains et 5 500 avions...

Un étalement plus récent

Tous ces efforts s'avèrent payants : les touristes des années suivantes arrivent sans trop d'énervement à destination, le fameux record de 1975 n'a pas été battu. On s'efforce de rendre les trajets moins pénibles (organisation sans cesse améliorée, infos-trafic sur FM, autoradios, climatisation dans les automobiles) ou de désengorger les routes. À partir des années 1990, on constate un plus grand morcellement ou étalement des vacances, accentué encore par le passage aux 35 heures.

Un manège de bord de mer de 1970, un baigneur de 2001...

Et des vélos de plage, 1949.

L'évolution des maillots de bains pour fillettes et femmes

1900 : la tunique de bain monte au ras du cou, agrémentée d'un col marin. À manches courtes, elle se porte sur un pantalon qui descend aux genoux (à droite, 1907).

1912 : aux Jeux olympiques de Stockholm, la championne du monde Anne Kellerman ose porter le maillot une pièce des hommes ! Progressivement le costume de bain découvre les épaules et les jambes.

Années 1930 : la mode du short et l'apparition du fil latex permettent de nouvelles formes, proches de nos maillots une pièce d'aujourd'hui.

Années 1950 : le bikini commence à faire fureur sur les plages. Le monokini le concurrencera dans les années 1970 comme symbole de la libération de la femme.

Les vacances à la montagne

Pendant longtemps, la montagne est surtout une destination d'été recommandée par les médecins. Les plus âgés vont y suivre des cures thermales, les plus jeunes vont y chercher le bon air et la santé. De 1936 à 1950, elle est très peu retenue comme lieu de vacances. Son essor ne vient qu'après...

Avant 1950

Avant guerre, la montagne se visite l'été : cures thermales, marches en altitude dans le bon air, soleil des cîmes, tout cela semble excellent pour la santé. D'ailleurs les médecins y envoient en sanatorium les tuberculeux, encore si nombreux au début du XXᵉ siècle. Les créateurs des premières colonies désignent eux aussi la montagne comme le lieu idéal de vacances pour les petits citadins anémiés. Néanmoins, à l'exception de groupes d'enfants encadrés par de bonnes œuvres laïques ou religieuses, seuls les plus aisés ont le temps et l'argent nécessaire pour un séjour en montagne. C'est bien ce que rappelle l'affiche de La Bourboule (ci-contre) qui se définit dans les années 1920 comme une villégiature « de l'élite ». Enfin, la montagne reste alors une destination d'été, même si un « Ski Club des Alpins » s'est créé pour les sportifs dans les années 1890 et qu'un premier championnat de ski s'est tenu à Montgenèvre en 1907. On n'avait

Histoire des stations de ski en France

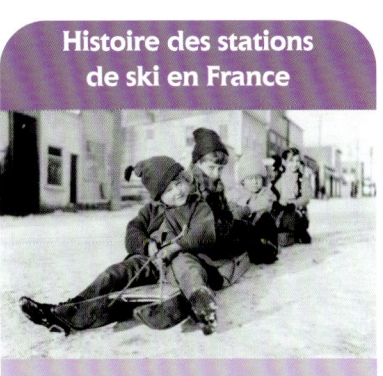

● Mongenèvre (Hautes-Alpes) serait la 1ère station (1907).

● D'autres se développent autour des villages, à 900-1 200 m d'altitude (Le Revard, Megève, La Clusaz, Grand-Bornand, Morzine, Chamonix, Villard-de-Lans, Serre-Chevalier...)

● Après guerre, on crée des stations dans les alpages (1 600-1 800 m) : Courchevel, Alpe-d'Huez, Deux-Alpes.

● Dans les années 1960, on bâtit des immeubles autour de parkings à plus de 1 800 m : Isola 2000, Le Corbier, Les Menuires, stations critiquées comme des « usines à ski ».

● À partir de 1975, on reconstruit des « stations-villages » avec chalets.

LA BOURBOULE (AUVERGNE)
REINE DE L'ARSENIC
VILLÉGIATURE DE L'ÉLITE

En haut : une affiche publicitaire de 1922 pour La Bourboule ; au-dessous : vacances d'été dans le Massif Central en 1970.

alors qu'un seul bâton en main (pour tenir l'équilibre) et, pour s'arrêter, on se laissait tout simplement tomber !

1950-1965

En 1936, les salariés en congés payés ne partent quasiment pas en montagne. En 1950, les Alpes, les Pyrénées, les Massifs Central et des Vosges attirent davantage mais restent encore des destinations estivales : on y va quand il fait beau.

Le ski contemporain, grâce aux premières fixations de sécurité, apparaît vraiment dans les années 1950 mais reste réservé à une élite sportive. les skis sont à farter avec de la graisse tous les matins, les chaussures ne protègent pas vraiment les chevilles, et les téléskis sont encore très rares : une fois que la pente est descendue, c'est à pied qu'il faut remonter... Il faut dire que, en 1936 par exemple, il n'y a encore que six téléskis dans toutes les Alpes !

1965-1980

L'explosion véritable des sports d'hiver se fait de 1965 à 1970. En 1969, un an après les Jeux olympiques d'hiver à Grenoble, il y a déjà 200 000 skieurs qui descendent les pistes, et la progression annuelle est de 50 000 skieurs !

La neige, perçue jusqu'alors par les populations locales comme un handicap, prend le nom « d'or blanc ». Les constructions se multiplient partout : chalets, immeubles, stations créées de toutes pièces (les fameuses « usines à ski » critiquées), remonte-pentes, téléphériques, restaurants d'altitude...

On conçoit aussi des vêtements bien adaptés. Des anoraks sont créés avec de nouvelles matières gardant mieux la chaleur et les pantalons fuseaux molletonnés apparaissent, remplaçant ainsi les épais pulls de laine et les pantalons épais de gros velours qui avaient cours jusqu'alors. Puis les lunettes de ski s'imposent pour protéger les yeux. Elles donnent aux skieurs, s'ils reviennent bronzés, cette physionomie si caractéristique de chouette aux yeux blancs...

Groupe de skieurs au Mont-Dore en 1910, accompagnés de leur moniteur.

De 1980 à nos jours

Aujourd'hui, les sports d'hiver semblent un loisir aussi classique que les vacances à la mer. Un Français sur deux prend désormais des congés en hiver et 6 millions choisissent le ski et la montagne, même si les villes et la campagne restent à la mauvaise saison des destinations privilégiées. À l'inverse de ce qui se pratiquait au début du XXe siècle, la montagne est, depuis les années 1960, plus fréquentée l'hiver que l'été (22 % des destinations l'hiver contre 17 % l'été). Mais l'escalade et surtout les randonnées de marche reviennent à la mode.

L'apparition et l'évolution des remontées mécaniques

1924 : premier téléphérique à Chamonix, conçu initialement pour les touristes. Le premier uniquement dédié aux skieurs est créé à Megève en 1933. Il permet de transporter... 12 passagers par heure.

1934 : premier téléski (inventé par les Suisses), installé au col de Porte, en Chartreuse.

1945 : apparition du tire-fesses.

1947 : premières télébennes à Valloire, permettant de monter 350 skieurs par heure vers les sommets.

1951 : premières télécabines à Villard-de-Lans (56 œufs multicolores de deux places).

Années 1970 : apparition des télésièges à 3 puis à 4 places, et des télécabines à 6 places. Les innovations technologiques s'enchaînent ensuite, permettant à Val-Thorens par exemple de transporter 4 000 personnes par heure. Mais les remontées sont coûteuses pour les stations... donc chères aussi pour le skieur utilisateur.

Un siècle de mode féminine

Que de changements en un siècle dans l'habillement féminin ! Non seulement dans les longueurs et les couleurs, mais aussi dans les matières et dans la facilité de renouvellement d'une garde-robe désormais bon marché.

Vêtements du dimanche et de semaine

● Jusqu'aux années 1970, il y a les « vêtements du dimanche », qu'on porte pour être belle, pour sortir ou aller à la messe, et les autres, plus quotidiens ou plus usés.

● De 1920 à 1970, la blouse amidonnée est le vêtement quotidien de presque toutes les femmes en semaine, qu'elles travaillent en usine, aux champs ou qu'elles s'occupent du ménage. Les différences de coupes et d'impressions offrent un peu de fantaisie. À partir de 1950, l'apparition du nylon permet des blouses presque imperméables.

Avant 1914

Au tout début du XXᵉ siècle, le corset règne en maître, avec sa fameuse taille de guêpe. Les corsages sont à col montant et les femmes habillées en général en noir à cause des règles de deuil, alors respectées par l'ensemble de la population : on porte du noir pendant 2 ans la mort d'un conjoint, 18 mois pour un père ou une mère, 15 mois pour des grands-parents, 10 mois pour un frère ou une sœur, 6 mois pour un oncle ou une tante, 3 mois pour un parrain ou une marraine. Les deuils s'enchaînant fatalement quand on prend de l'âge, toute la population finit par être vêtue de noir à partir de la quarantaine.

Les cheveux longs sont obligatoirement couverts, par un chapeau pour les élégantes, par une coiffe régionale ou un foulard dans les campagnes.

Les années 1920-1930

Ah ! Les années 1920 et les silhouettes longilignes dans des robes taille basse... On en rêve ! Pourtant, de l'avis de celles qui les ont portées, ces robes ne sont pas franchement élégantes si l'on est un peu dodue... Elles ne descendent plus aux chevilles, mais au-dessous des genoux (le vélo est à la

mode). Le chapeau ou la coiffe ne sont plus des obligations et, pour la première fois, les femmes et jeunes filles portent des cheveux courts... avec l'autorisation du père ou du mari. Enfin, dans les années 1930, les carreaux ou les fleurs séduisent.

● De haut en bas : une silhouette de 1959, deux femmes de 1973 (à gauche), deux de 1928, une de 1939, une de 2000. À gauche dans la page : une élégante de 1905 (en haut), quatre jeunes filles colorées de 1966 et deux adolescentes de 1995.

Les années 1950

La silhouette à taille marquée, avec une jupe en corolle, est emblématique de la décennie. La gaine revient amincir la taille et redonner un ventre plat.

Ceci étant dit, le prêt-à-porter en est à ses débuts, le textile reste cher, les robes sont faites maison ou par une couturière. On ne jette pas, on ne remplace pas un vêtement qu'on peut encore mettre. Aussi y a-t-il un grand décalage entre les images des magazines féminins, les photos des starlettes de l'époque et les vêtements que porte réellement la population. On ne suit la mode que lorsqu'il faut acheter une robe neuve.

Les années 1960

Les nouvelles matières font leur apparition, le nylon est à la pointe de la mode, pour chemisiers, bas et collants. Les magasins de prêt-à-porter et les catalogues de VPC permettent à toutes d'acheter des vêtements tout faits et moins chers. La Redoute affiche plus de 50 000 références dans son catalogue de 1962 et celui des Trois-Suisses fait sensation en 1967 en affichant en couverture une femme en pantalon. Car les années 1960 voient à la fois surgir la mode du pantalon féminin et la mini-jupe.

Les années 1970

Rayonne, viscose et mousseline de coton donnent naissance à des vêtements « romantiques ». Longues jupes paysannes, corsages à manches évasés, ponchos et châles à fleurs, couleurs vives, pantalons « pattes d'éléphant », vestes brodées à franges, jeans, manteaux longs tombant aux chevilles ou vestes courtes en velours... sont portés par les jeunes. L'écart visuel entre les générations est très important.

Les années 1980-2000

Tout ayant été déjà essayé, tout devient possible. La femme porte aussi bien des pantalons que des robes, des tailleurs ou des jupes courtes ou longues. Les cheveux longs des années yé-yé deviennent courts ou mi-longs, sauf chez les plus jeunes. Les boutiques de « fringues » se multiplient car le textile, fabriqué à l'autre bout du monde, ne coûte quasiment plus rien.

Lainages de 1965...

... et pantalons de la même époque. Au centre de la page : 1974.

70 ans d'évolutions des chaussures de femme

Avant 1914 : la chaussure la plus fréquente est la bottine à petits boutons (et les sabots à la campagne).

Entre-deux-guerres : les femmes portent des « midinettes », une sorte de sabot verni noir avec des petites bordures rouges, des sandalettes, ou des chaussures de cuir avec plusieurs brides et un talon bobine (ci-joint à droite, escarpin de 1921).

Années 1940 : par manque de cuir, on chausse des galoches à semelles de bois ou de liège, avec un dessus en cuir, en raphia ou en toile cirée.

Années 1950 : on invente le talon aiguille qui affine la silhouette, on lance les escarpins bicolores et les ballerines pour la ville.

Années 1970 : retour des semelles compensées (qui reviendront vers 1990) et des sabots plastique et cuir.

Un siècle de mode masculine

Pas de bouleversements majeurs dans l'habillement masculin au XXe siècle. Les travaux étant de moins en moins durs et salissants, le costume cravate devient l'uniforme de la plupart des salariés. Et la toile en jean du bleu de travail s'impose dans les temps de loisirs chez les plus jeunes.

Les vêtements de sortie

Le costume et la cravate sont déjà là dans les années 1900. Les coupes, les couleurs et les matières vont bien sûr évoluer selon les époques (veste cintrée ou pas, revers larges ou pas, pantalons étroits ou très larges, à pinces ou sans, cravates étroites ou pas, noires ou très colorées...). Néanmoins sont acquises les grandes lignes de ce qui va devenir un impératif vestimentaire pour les générations suivantes.

Du moins pour les citadins. Car, dans les campagnes, avant 1914, on porte encore la blouse bleue ou noire. Une blouse qui n'est pas un vêtement de travail, comme on pourrait l'imaginer aujourd'hui, mais bien une tenue de sortie. Ainsi, la photo en haut à droite montre un important propriétaire terrien en blouse... au mariage de sa fille en 1907.

Les vêtements de travail

Chemises et pantalons de grosse toile, bleus de travail (pas toujours bleus d'ailleurs, il y avait aussi des noirs) : telle est la tenue de tous les jours de la

De haut en bas : un agriculteur endimanché en 1907 ; une photo des années 1970 à gauche (le costume-cravate est porté en vacances), une de 2012 à droite (tee-shirts, jeans ou pantalons couleur s'imposent en week-end) ; et des élèves de l'école de maçonnerie d'Amiens en 1951.

Canotiers, bérets, casquettes, etc.

● Jusqu'à la Seconde Guerre mondiale, les hommes se couvrent la tête quand il sortent. Un canotier l'été, un chapeau de feutre ou un chapeau melon pour les plus élégants, un béret ou une casquette à visière (surnommée la def), souvent en tweed (comme Sherlock Holmes !) pour les ouvriers ou les jeunes.

● Les chapeaux régionaux (comme le chapeau rond breton) se sont parfois maintenus jusqu'aux années 1930.

● Les chapeaux dits hauts-de-forme sont portés lors des mariages ou des cérémonies importantes.

plupart des hommes pendant la première moitié du siècle, à l'usine, aux champs comme lors des travaux de jardinage ou de bricolage chez soi.

Cet habit de travail peut prendre la forme d'un pantalon et d'une veste séparée (à droite, des ouvriers vers 1910) ou d'une salopette (voir en bas de la page de gauche des maçons vers 1950). À partir des années 1970, les salopettes prennent des couleurs : vertes pour les jardiniers, bleues pour les mécaniciens, parfois rouges ou oranges pour les éboueurs... car ce sont désormais les entreprises ou les municipalités qui les fournissent, souvent à leur logo ou à leurs couleurs.

Mais, à partir des années 1930, la principale évolution est l'augmentation considérable du nombre d'employés de bureaux et de cadres, tous en costume cravate en semaine. À tel point que cela en devient un uniforme ! Le premier costume marque pour un jeune homme l'entrée dans la vie active et il n'est pas question d'arriver au bureau en col ouvert. Il faut attendre les années 1980 pour que certaines entreprises (mais toujours pas toutes aujourd'hui) acceptent les pulls, les tee-shirts ou les jeans.

Le mélange des genres

À partir des années 1970 commence un mélange des genres qui plaît rarement aux plus âgés, car la distinction entre habits de semaine et habits du dimanche s'efface.

Désormais, on ne met plus le week end son plus beau costume. Puisqu'on l'a porté la semaine, on fait l'inverse : ce sont les vêtements de détente sans prétention qu'on porte ces jours-là. On déboutonne son col, on replie ses manches jusqu'aux coudes, on ne repasse plus systématiquement ses chemises, d'autant que les nouvelles matières synthétiques permettent de conserver les plis sans trop d'effort... La toile de jean, qui ne renvoie plus au monde ouvrier, devient la matière préférée des pantalons du dimanche et de vacances des jeunes générations.

En haut : les ouvriers de la filature de Picquigny (Somme) en 1910 en costume de travail et casquette.
En dessous réunion de famille en 2000 : les générations nées avant la guerre gardent la cravate, les plus jeunes ne la portent plus guère en dehors du travail.

Barbes et moustaches : un siècle d'évolution

Avant 1914 : on porte les moustaches effilées, pendantes « à la gauloise », ou relevées en croc (comme ci-contre à gauche en 1907), et les barbes en pointe, en carré, en fleuve, à deux pointes...

Entre-deux-guerres : la barbe disparaît, mais la moustache se maintient, taillée ou courbée de multiples façons. Très à la mode dans les années 1930 : la petite moustache sous le nez comme ci-contre à droite (non, non, il ne s'agit pas d'Hitler, mais d'un brave facteur Poitevin le jour de son mariage en 1931). Elle se voit bien sûr définitivement bannie à partir de 1939 !

Années 1950 : c'est la moustache fine à la Clark Gable qui est à la mode (photo à droite en haut). La barbe ne revient pas, sauf la barbe collier chez les enseignants et les marins pêcheurs ! Barbes et moustaches disparaissent ensuite dans les années 1960 et ne réapparaissent que dans les années 2000.

Croire et prier

Les pratiques religieuses se sont totalement transformées au cours de la seconde moitié du XXᵉ siècle. On est passé en cinquante ans d'une population massivement chrétienne à un pays devenu l'un des moins pratiquants du monde.

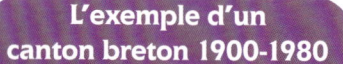

L'exemple d'un canton breton 1900-1980

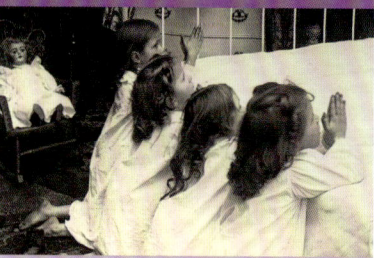

● Jusqu'à la Seconde Guerre mondiale : 99 % des habitants vont à la messe tous les dimanches et à Pâques. Les enfants sont baptisés dans les trois jours après la naissance.

● 1948 : 98 % des habitants vont à la messe le dimanche, 99 % à Pâques.

● 1958 : 92 % des habitants vont à la messe le dimanche, 98 % à Pâques.

● 1966 : 78 % des habitants vont à la messe le dimanche, 94 % à Pâques. Suppression des grandes processions. Délai moyen du baptême : 1 mois.

● 1975 : 55 % des habitants vont à la messe le dimanche, 76 % à Pâques.

● 1982 : 1ᵉʳ enterrement civil.

(Statistiques de l'enquête d'Yves Lambert, « Dieu change en Bretagne », Cerf, 1985)

1900-1910

Politiquement, le siècle commence mal pour l'Église. En 1902, le nouveau ministre de l'Instruction publique Émile Combes, ancien prêtre défroqué, fait fermer 2 500 écoles religieuses, en dehors de toute disposition légale et sans prendre en compte des pétitions de protestation des populations. En 1904 il interdit l'enseignement à toute congrégation.

Enfin, par la loi de 1905 sur la séparation des Églises et de l'État, le gouvernement rompt unilatéralement les engagements du Concordat de 1801 et saisit une partie des biens de l'Église. Les inventaires du Trésor public exaspèrent les populations, les émeutes se multiplient, les gendarmes doivent intervenir. La mort d'un jeune paroissien désarmé abattu par un percepteur en 1906 suspend les procédures, mais les tensions perdurent jusqu'en 1914 entre les catholiques et les anti-cléricaux.

Ci-dessus : baptême en 1950 ; le parrain tient le sac de dragées. À gauche : enfant de chœur des années 1940. Au-dessous : prière du soir de quatre enfants dans les années 1900 et professions de foi des années 2000.

Du premier conflit au second

La Grande Guerre fait taire les querelles. L'anticléricalisme militant s'efface. La pratique religieuse est toujours forte tant le dimanche que lors des grandes processions annuelles. La vie reste rythmée par les baptême, communion, profession de foi, mariage religieux et obsèques. Jusqu'en 1936, il faut produire un certificat de communion à l'employeur si l'on travaille à 12 ans, pour prouver qu'il n'y a pas de congés à donner. Les faire-part de mariage ne mentionnent pas la date et le lieu de la cérémonie civile, considérée comme une formalité juridique sans importance. Les années 1945-1955 voient une augmentation des vocations.

La seconde moitié du siècle

Puis les pratiques traditionnelles s'érodent entre 1955 et 1970. 87 % de la population se déclare catholique en 1972, mais une partie seulement continue la pratique dominicale. Que s'est-il passé ? Bien sûr, des populations d'autres religions sont entrées sur le

territoire, mais cela n'explique ni la chute brutale des vocations à partir de 1955, ni les modifications des pratiques. Jusqu'à la fin des années 1950, les magazines féminins consacrent des dossiers annuels à la robe de baptême, à l'aube de communion, à la robe de mariée... *La Vie du rail*, hebdomadaire de la SNCF sans lien avec l'Église, appelle sa rubrique à destination des jeunes « Les conseils du parrain ». Le vocabulaire religieux imprègne le quotidien. Puis tout disparaît.

Le concile Vatican II (1962-1965) cristallise les réactions. On lui reproche tantôt d'avoir accéléré la chute, tantôt de s'être tenu trop tard pour y remédier. Les modifications liturgiques apportées sont importantes : abandon de l'usage de la chaire en 1963, acceptation d'une autre langue que le latin (qui n'est donc pas abandonné comme on le croit souvent), possibilité de crémation à partir de 1963, participation des laïques aux lectures dès 1966, raréfaction des processions, orientation du célébrant face aux paroissiens et abandon de la soutane en 1971...

De nouvelles formes de foi ?

Aujourd'hui, 4,5 % de la population pratique, ce qui représente quand même plus de 3 millions de personnes

en église tous les dimanches. 71 % des Français disent croire en Dieu, 64 % se définissent comme catholiques mais 80 % demandent à être inhumés religieusement (c'est-à-dire plus que de catholiques affichés). Y aurait-il en France (car ces taux sont les plus bas d'Europe, pays scandinaves exceptés) une crise des formes de pratiques plus que de la foi elle-même ?

Car les pèlerinages attirent toujours (6 ou 7 millions de personnes par an à Lourdes, 9 millions l'année du jubilé), le nombre de laïques mariés (ou non) ordonnés diacres permanents augmente (43 en 1980, plus de 2 400 actuellement), les communautés nouvelles de prières dites du renouveau charismatique se multiplient, le pape Jean-Paul II attire 1,2 million de jeunes aux JMJ de Paris en 1997 et les baptêmes d'adultes se font plus nombreux...

Sorties de messe dans les années 2000 (en haut) et en 1969 (au-dessous). En bas : baptême de 1947 et boîte de dragées de Rouen de 1925.

Le baptême et ses évolutions sur le XXe siècle

Nombre : 90 % de la population était baptisée dans les années 1900 et 85 % dans les années 1950. La pratique chute ensuite : on passe à 71 % en 1980 puis à 47 % en 2000. On est aujourd'hui à plus d'un tiers.

Âge : les enfants baptisés l'étaient en moyenne dans les trois jours suivant leur naissance jusqu'à la guerre, dans le mois suivant au cours des années 1970, dans les deux ans en 2000. En revanche, le nombre de baptêmes d'adolescents ou d'adultes qui se convertissent ne cesse d'augmenter : de 6 100 baptêmes de ce type en 1980, on passe à près de 21 000 en 2000, 27 000 actuellement.

MARIE-RENÉE 17 MAI 1925

Faire sa cour...

Comment trouver l'âme sœur ? C'est plus facile aujourd'hui dans une société où la mixité en école, en université et au travail est devenue la règle. Mais début XXᵉ, les occasions de rencontres sont rares, organisées par les familles et différemment selon les catégories sociales.

Comment dire qu'on se fréquente ?...

- Avant 1914, pour exprimer qu'un garçon fréquente une fille, on dit qu'il "va avec" (Artois), qu'il est son "inclineux" ou qu'il "va en blonde" (Berry), qu'il "court" (Bresse), qu'il "blonde", qu'il "flogne" ou qu'il "commence" (Champagne), qu'il "blonde" ou qu'il "courate" (Franche-Comté), qu'il "fait de la cendre" (Gascogne), qu'il "est son bon ami" ou "parle avec" (Picardie et Normandie), qu'il "cause avec" (La Réunion)...

- Dans les années 1950, on dit qu'il "flirte" ou "qu'il fréquente"...

- Aujourd'hui, on dit qu'ils "sortent ensemble", qu'il est son "copain" ou "petit copain" ou son "ami" et qu'elle est sa "copine".

La première moitié du siècle

Les cartes postales des années 1920 montrent des jeunes gens s'enlaçant tendrement. La réalité est autre.

Dans les campagnes, les occasions de rencontres entre les jeunes gens sont nombreuses mais surveillées. Les veillées traditionnelles existent encore vers 1930-1933, les familles passant le soir chez les unes ou les autres à tour de rôle. Les bals du dimanche soir (et non du samedi comme en milieu ouvrier citadin) sont bon enfant. Les parents y conduisent les jeunes filles dès leurs treize ou quatorze ans parce qu'il n'y a

pas sur place d'autre distractions. Les mères s'assoient sur les bancs et bavardent en surveillant leurs filles du coin de l'œil. Les pères vont jouer aux cartes (manille ou coinchée) et boire au café. Avant 1914, les conscrits de l'année organisent un bal annuel, dit aussi fête des célibataires, où ils convient les jeunes filles qui leur plaisent. Vers 23 heures, retour à la maison. La surveillance des parents se relâche rarement et celui qui séduit leur fille doit d'abord leur plaire. Les mariages arrangés perdurent jusque vers 1930.

En milieu ouvrier, filles et garçons travaillent en usine dès leurs treize ans. Les rencontres se font moins dans l'usine que sur les trajets ou aux bals du samedi soir. Le dimanche après-midi, les jeunes ouvriers sortent en ville, en groupe, et chahutent avec les camarades du même âge qu'ils croisent. Comme les enfants rapportent leur paie à leurs parents, ceux-ci retardent leur mariage autant qu'ils le peuvent, car c'est un salaire qui s'en va. D'où la fréquence des conceptions prénuptiales dans ce milieu : annoncer une grossesse est pour une fille la seule façon de faire accepter un mariage et de pouvoir partir. Tant pis si on s'est jeté à la tête du premier venu...

Quant aux familles les plus aisées, elles maintiennent filles et garçons dans des lycées ou des pensionnats qui ne sont pas mixtes à cette époque. Des bals sont organisés par les parents entre cousins et amis pour que les jeunes gens se rencontrent, notamment pour les dix-huit ans des jeunes filles. Ces bals prennent l'allure plus systématique de rallyes dans l'aristocratie et la haute bourgeoisie.

Les années 1950-1960

Les jeunes filles poursuivent de plus en plus souvent leurs études en université et se retrouvent dans un univers mixte. Si elles prennent une chambre en ville, des concierges sont là pour surveiller les allées et venues, voire empêcher que des jeunes gens puissent monter les voir. Si elles logent en famille, leurs temps de trajets sont calculés et les heures de retour estimées précisément, afin qu'il n'y ait pas de « vagabondage » possible à la sortie des cours. Les rencontres entre jeunes ne se limitent cependant plus aux voisins et amis connus de la famille. Les parents utilisent souvent les curés de paroisse comme « agents de renseignements ».

Si leur enfant semble apprécier une personne d'une autre ville, ils écrivent au prêtre du lieu pour demander des informations sur sa famille. Cette démarche semble alors naturelle dans un monde où les curés connaissent bien tous leurs paroissiens et où les parents ont à cœur de surveiller les fréquentations de leurs enfants.

La fin du siècle

En 1967, la pilule contraceptive est autorisée, rendant les relations sexuelles avant le mariage plus faciles (mais toujours mal vues). La révolution des mœurs est en route.

Par ailleurs, comme la mixité devient la règle dans le secondaire à partir des années 1970, les amourettes commencent parfois dès le lycée.

En 1974, le journal *Libération* fait scandale en lançant des pages de petites annonces de rencontres : se laisser séduire à distance par un inconnu, voilà qui semble incongru ! Internet prendra le relai au XXIe siècle...

À la campagne, les jeunes gens se connaissaient, mais la surveillance des parents se relâchait rarement.

Quand des fiançailles étaient rompues autrefois, chacun se devait de rendre à l'autre « ses lettres » et ses photos... avec ou sans le légendaire ruban rose qui les nouait !

L'amour et le langage secret des roses

Rose blanche : offrir une rose blanche, c'est manifester un sentiment caché, de la vertu ou de la candeur.

Rose beige ou porcelaine : attrait, désir de plaire, passion extrême.

Rose jaune : elle évoque la jalousie ou l'infidélité : mieux vaut ne pas la recevoir !

Rose rose : hommage à la beauté de celle à qui on l'offre, amour débutant, espoir.

Rose rouge : amour passionné, ardent, charnel, déclaration des sentiments.

Rose trémière : évocation d'un sentiment amoureux qui s'inscrit dans la durée.

Trois symboles à connaître : la rose est le symbole de la beauté : les noces de rose correspondent à 17 ans de mariage ; offrir un bouquet de 101 roses revient à exprimer une passion absolue.

Les photos de mariage

Dans les années 1900, on ne prend souvent qu'une seule photo des mariés : en groupe au milieu des invités de la noce. À partir des années 1920, les mariés posent en couple pour une photo dite officielle. Enfin, à partir des années 1960, les clichés pris sur le vif par les amis se multiplient.

Les photos de groupe

La majestueuse photo de groupe, telle que nous pouvons en retrouver dans les albums des années 1900-1910, est prise devant l'église, devant la plus belle maison du village, ou devant la ferme ou l'auberge où va se dérouler le repas de fête. Les deux familles sont réunies au grand complet pour ces moments forts, la messe et le repas, et le photographe sait profiter de cette occasion. Une règle d'or : prendre toujours le cliché avant le repas, car après...

De 1914 à 1918, les groupes sont bien clairsemés : les hommes de dix-huit à trente ans sont peu visibles. Après guerre, on voit plus de femmes que

De haut en bas : 1956 (sortie d'église), 2006 (le noir et blanc revient à la mode pour les photos), 2000 (dans une chapelle de l'église après la cérémonie) et 1903. À gauche dans l'encadré : cortège de 1949.

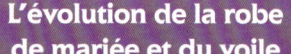

L'évolution de la robe de mariée et du voile

● Avant 1914 : la mariée met sa plus belle robe, qui n'est donc pas toujours blanche. Col montant, manches longues et gants, taille de guêpe corsetée, ni bouquet ni voile mais des fleurs artificielles dans les cheveux. Le costume régional est encore utilisé dans certaines campagnes.

● Années 1920 : la robe, sans taille marquée, s'arrête au-dessus des chevilles. Elle libère le cou. Pas de voile mais une couronne de perles ou de fleurs artificielles dans les cheveux.

● Années 1930 : la robe s'arrête aux mollets. Un voile de tulle très long, retenu par une couronne de perles au ras des sourcils, se poursuit en traîne sur le sol. On porte un bouquet.

d'hommes : avec 1,3 million de morts pour la France, il est difficile de trouver un cavalier pour chacune.

Les coiffes, rares avant-guerre, ont totalement disparu sur les photos des années 1920. Les robes raccourcissent et sont parfois remplacées par des tailleurs pendant les restrictions de la Seconde Guerre mondiale, puis rallongent. Mais, sur les photos, les groupes se font de taille plus réduite, surtout pour les mariages citadins.

À partir des années 1960, la photo de groupe disparaît. Le photographe prend des clichés plus nombreux et plus variés, et les invités ont désormais leurs propres appareils.

La photo du couple

Une photo officielle du couple se fait jusqu'aux années 1950 en studio : draperies, fleurs, décor romantique, colonnes antiques ou arches gothiques peintes sur toile, balustrades, tout est prévu pour le fond de l'image. À partir des années 1920, certaines semblent prises en extérieur, à l'entrée de la maison des mariés par exemple, ou dans leur cour, mais elles restent rares. La plupart sont en fait des clichés réalisés en studio sur fond végétal.

Entre 1950 et 1970, même si la photo du couple en studio se maintient, elle s'accompagne d'une autre, tout aussi

officielle, prise en plein air, dans un cadre bucolique : le jardin familial par exemple, le plus joli square de la ville (les mariés s'y succèdent le samedi !), ou le parc du lieu de réception de la noce. Pelouse tondue, cygnes glissant sur un plan d'eau tranquille, beaux arbres verts... la mariée en blanc et le marié en noir ressortent comme prince et princesse sur un fond de château.

À partir des années 1970-1980, le studio est totalement oublié. C'est l'extérieur qui compte. Avec des détails qui évoluent à la fin du siècle, les mariés cherchant de plus en plus l'originalité. Le couple à droite se fait ainsi photographier dans le cadre inattendu d'un champ de blé ; l'époux a quitté sa veste et la mariée le voile qu'elle portait. Les amis prennent par ailleurs tant de photos que tous les bons moments sont conservés.

De haut en bas : 1952, 2004, 1922 et 1990.

L'évolution de la robe de mariée et du voile (suite)

Années 1940 : la guerre rend difficile l'acquisition de tissu, les années de pénurie se prolongent jusqu'en 1950. On se marie souvent dans un tailleur qu'on a déjà, qu'on réajuste pour l'occasion et qu'on pourra reporter.

Années 1950 : la robe s'est allongée et tombe aux pieds. Elle commence à prendre du volume. Le voile a plus de longueur que dans les années 1930. Le bouquet occupe, en longue gerbe, tout l'avant-bras de la mariée.

Années 1970 : avec les années yé-yé on voit quelques mariées en pantalon blanc et en veste de laine, ou des robes écrues style « nouvelle campagne » dans des matières brutes, mais on revient vite aux robes d'avant.

Années 1980-1990 : la robe de princesse prédomine, mais on trouve aussi des robes Empire, ou moulantes, ou courtes, ou avec bustier très décolleté, tout est possible. Le bouquet est rond, le voile court ou absent.

Années 1990-2000 : la robe porte parfois un peu de couleur. Le bouquet est petit, avec branches tombantes.

Vivre en famille

Les Français vivent aujourd'hui en famille sans forcément passer par la case mariage, ce qui aurait été impensable au début du siècle. Mais ils ont toujours un peu plus de deux enfants, à peine moins qu'en 1900. Et les deux-tiers des bambins ont encore au moins deux grands-parents.

Quelques chiffres sur mariages et bébés en France

- À partir de 1906, on peut se marier à 18 ans pour les garçons et à 15 ans pour les filles (18 ans pour les deux depuis 2005), avec l'accord des parents si l'on est mineur. Avant 1906 il fallait cet accord même si l'on était majeur (ou bien il fallait adresser une injonction par voie d'huissier !).

- La moyenne des enfants nés hors mariage était de 6 % en 1967, elle est passée à 43 % en 2004. Dans 3 cas sur 10 désormais, les enfants assistent au mariage de leurs parents.

- L'union libre représentait 1 couple sur 35 en 1968, 1 couple sur 6 aujourd'hui. 85 % des couples qui se marient actuellement vivent déjà ensemble, en moyenne depuis 7 ans.

L'âge au mariage

En 1900, les garçons se mariaient en moyenne à 27,9 ans, les filles à 23,2 ans (au lieu de 30 ans et de 27 ans en 1800). En clair, la tendance est de se marier toujours plus jeune, un mouvement qui se poursuit jusqu'aux années 1970 (24,7 ans et 22,6 ans).

Le mariage est alors la règle, la famille ne se conçoit pas en dehors et les célibataires ne représentent en 1900 que 11 % de la population (quasi personne une fois qu'on a enlevé les prêtres, les religieux(ses), les mendiants et les fous !). Après 1918, le célibat diminue chez les hommes mais double chez les femmes (les « veuves blanches » sont ces jeunes filles dont le fiancé a été tué au front et qui ne se marieront pas).

Après 1970, le mouvement s'inverse et le mariage se fait chaque année plus tardif (30,2 ans pour les hommes et 28 ans pour les femmes en 2000, 32 ans et 30 ans maintenant).

Le mariage fait-il la famille ?

En 1900, les couples débutent la vie commune après le mariage. Vers 1970,

Pique-nique en famille dans les années 1930. Au-dessus, de bas en haut : ping-pong en 2000, promenade en Vespa en 1964, vacances avec les grands-parents en 1998.

82 % le font toujours, mais les cohabitations juvéniles font déjà parler d'elles. Comme le mariage est retardé chaque fois que le chômage augmente ou que des études longues sont entreprises, les années 1970-1980 marquent un tournant, avec l'explosion du nombre d'étudiants et la montée du chômage.

Aujourd'hui, 9 couples sur 10 vivent ensemble sans attendre le mariage et, finalement, beaucoup ne légalisent jamais leur union. Si mariage il y a (ou Pacs depuis 1999), 30 % sont rompus par un divorce, chiffre qui reste désormais stable... et qui signifie a contrario que 70 % s'engagent pour la vie.

Et les bébés ?

Les Françaises ont en moyenne leur premier bébé à 29,5 ans, contre 23 ans en 1974, 25 ans en 1900, 27 ans à la Révolution. Les âges à la première maternité font, on le voit, le yoyo au fil des siècles !

Jusqu'au début des années 1970, les naissances hors mariage étaient marginales (et plutôt mal vues) : bien moins de 1 naissance sur 10, sauf pendant les guerres. Puis elles deviennent de plus en plus fréquentes, 10 % des naissances en 1979, 20 % en 1985, 43 % en 2000...

Jusqu'ici, les Françaises ont toujours eu 2,05 à 2,1 enfants, le nombre nécessaire pour le renouvellement de la population. On parle du déclin des fratries, mais on ne fait pas forcément moins d'enfants qu'autrefois, ils sont répartis différemment. Avant 1940, plus de 15 % des femmes ne peuvent pas avoir d'enfants, plus de 15 % n'en ont qu'un seul, et les familles très nombreuses sont fréquentes.

Après la guerre s'installe un autre système familial : 2 ou 3 enfants, mais pour presque tous.

Quant aux bébés devenus grands, ils s'attardent à la maison un peu plus longtemps qu'autrefois. Actuellement, un jeune sur deux vit chez ses parents à 23 ans (contre 20 ans à la génération précédente). Les deux tiers de ces jeunes ont encore deux de leurs grands-parents. Avec l'allongement de la vie, un enfant a même l'occasion de connaître souvent un ou plusieurs arrière grands-parents !

De haut en bas : un couple avec bébé en 1938, deux sœurs en 2000...

... et deux frères jouant à la brouette dans leur jardin en 1957.

Quels loisirs pour les enfants à la maison ?

Livres et bandes dessinées : on a vu page 42 les lectures des jeunes. L'essor de la BD après-guerre est longtemps décrié, les grands-parents considérant qu'elle réduit le vocabulaire et l'analyse logique des textes. La génération BD critiquera à son tour les mangas, en essor à partir de 1995...

Jeux de société : petits-chevaux, dames et nain-jaune sont détrônés par 1000 bornes, Monopoly, Cluedo... Les jeux de cartes se maintiennent bien.

Jeux vidéos : Pong, 1er jeu vidéo à succès (un palet et une balle) est inventé en 1972, Space Invaders (petits monstres qui tombent du ciel et qu'il faut abattre) en 1978, en même temps que les premières nintendo, mais il faut attendre 1990 pour un réel développement des jeux de consoles en France... avec en parallèle des polémiques autour de l'abrutissement qu'ils provoquent !

Se soigner toujours mieux

L'espérance de vie en France a presque doublé en un siècle et elle progresse actuellement d'un quart d'heure pour chaque heure qui passe ! Plus d'une fille sur deux née en 2000 vivra centenaire. Et les incapacités physiques et mentales reculent plus vite encore car on se soigne de mieux en mieux !

L'espérance de vie

L'espérance de vie à la naissance est actuellement de 78,7 ans pour les hommes et 85 ans pour les femmes. Et cette espérance croît lorsqu'on a passé les jeunes années : un Français de 65 ans peut espérer vivre jusqu'à 84,3 ans, une Française jusqu'à 88,8 ans, le record en Europe !

À titre de comparaison, l'espérance de vie à la naissance était en 1900 de 43 ans pour les hommes, de 47 ans pour les femmes. Le prodigieux bond réalisé (presque un doublement du temps de vie) est due à la baisse considérable de la mortalité infantile et des maladies, par l'amélioration de l'hygiène et des soins médicaux.

Les vaccinations obligatoires

Actuellement, le médecin de famille ou les dispensaires se chargent des vaccinations. Mais jusqu'aux années 1970, les rappels se font à l'école. En file indienne, les élèves passent à tour de rôle devant le médecin de et l'infir-

Le département de la Vienne aurait le plus fort taux de centenaires. Ci-dessus, une Châtelleraudaise fête ses 100 ans chez elle en 2007. À 90 ans elle partait encore voir sa famille à Londres, à 102 ans elle battait au scrabble sa nièce de 80 ans... et elle a toujours l'esprit vif en 2014 !

mière. Ils reçoivent le carré de sucre avec la goutte de vaccin contre la polio (ça va) ou la piqûre (ça va moins bien). S'il faut se faire piquer, il y a ceux qui crânent (mal ? moi ? jamais !), ceux qui pleurent, ceux qui ne disent rien, ceux

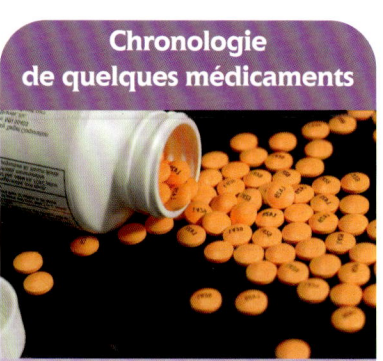

Chronologie de quelques médicaments

- 1899 : aspirine.
- 1901 : première utilisation médicale des rayons X, découverts par Röntgen en 1895. Invention de l'anesthésie péridurale.
- 1903 : la novocaïne s'impose comme anésthésique local. De nouvelles molécules seront développées à partir de 1946.
- 1928 : pénicilline. Mais elle n'est largement diffusée qu'après 1945.
- 1936 : crème solaire.
- 1952 : neuroleptique.
- 1955 : insuline, pour le traitement du diabète.
- 1976 : stimulateur respiratoire.
- 1984 : laser dentaire.

C'est peu avant la guerre qu'on commence à rendre les vaccinations obligatoires avant toute admission dans une école, une garderie ou une colonie de vacances.

qui veulent tout savoir (il pique où ? ça fait mal ?), ceux qui veulent passer les derniers... Les vaccinations obligatoires portent sur la variole, puis la diphtérie à partir de 1938, le tétanos à partir de 1940, la tuberculose à partir de 1950, la poliomyélite à partir de 1964, la rougeole à partir de 1983, les oreillons et la rubéole à partir de 1986.

Une surveillance plus serrée

Dans les campagnes, les enfants nés avant 1914 n'ont bien souvent vu un médecin pour la première fois qu'à 11 ou 12 ans. S'ils étaient malades, ils attendaient au chaud dans leur lit que le corps « prenne le dessus »...

Puis se met en place une surveillance médicale dès l'enfance. Bordeaux lance en 1929 des carnets de santé, que l'État généralise en 1939. La PMI (Protection maternelle et infantile) est créée en 1945, la médecine du travail moderne en 1946... Les actions de prévention se multiplient : campagnes anti-tabac à partir de 1976, incitation à des examens réguliers ou des vaccinations non obligatoires (grippe)...

Une médecine plus performante

L'allongement remarquable de la durée de vie en quelques décennies s'explique par l'amélioration des conditions de vie et d'alimentation, mais surtout par les progrès extraordinaires des techniques médicales au cours du XXe

NATURE de la vaccination	INJECTIONS	DATES ET DOSES	CACHET DU SERVICE des vaccinations et signature du médecin du service	CONTRE-INDICATION D	T de au	OBSERVATIONS
Anti-variolique	Première ·					
	Revacc. (I) ·	16 . 9 . 68				
	Revacc. (II) ·					
Associées D + T B + T + CAN D + T + POLIO	Première ·					
	Deuxième ·	1960				
	Troisième ·					
	Rappel ·	14 . 10 . 61				
	"	4 . 12 . 65				
		4 . 1 . 70	R . 16 . 1 . 75			
Antipolio-myélitique	Première ·	2 . 1 . 62				
	Deuxième ·	3 . 3 . 62				
	Troisième ·	13 . 6 . 62	R . 14 . 1 . 70			
	Rappel ·	7 . 6 . 65	R . 16 . 1 . 75			
		4 . 12 . 65				
		26 . 9 . 68	VB			
Autres vaccinations	Première ·					
	Deuxième ·					
	Troisième ·					
	Quatrième ·					
	Rappel ·					
B. C. G.		2 . 2 . 72 contrôle + 4 . 12 . 72				

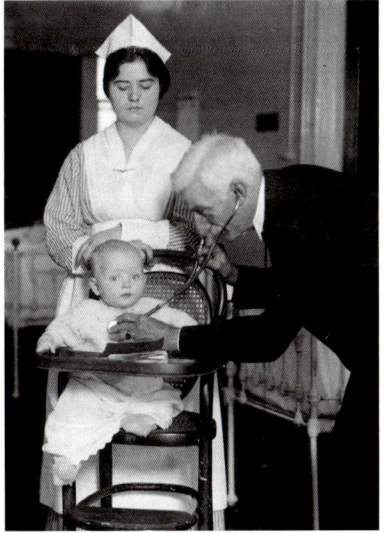

Carnet de vaccination des années 1960. On inocule encore aux enfants le vaccin contre la variole, première maladie définitivement éradiquée du monde en 1977.

siècle. Radiographies, échographies, IRM... ont permis des diagnostics toujours plus précis. Pour lutter contre les cancers, radiothérapie et chimiothérapie se développent dès les années 1950. Côté chirurgie, on apprend en France à greffer un rein en 1955, une moelle osseuse en 1956, un cœur en 1968, un foie en 1972, un pancréas en 1976, un poumon en 1987... et les progrès continuent. Des stimulateurs cardiaques existent depuis les années 1960 (on en pose 60 000 par an désormais en France). Bref : ce n'est sans doute pas pour rien que la doyenne du monde est française : Jeanne Calment (1875-1997) détient toujours le record de longévité avec ses 122 ans et 5 mois.

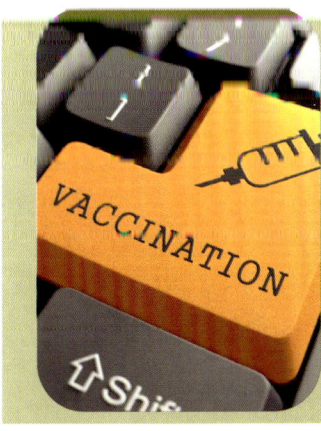

Chronologie des principaux vaccins

1885 : Louis Pasteur teste avec succès son vaccin contre la rage sur un enfant mordu par un chien enragé.

1897 : vaccin contre la peste. **1921** : vaccin contre la tuberculose, le BCG. **1922** : vaccin contre le tétanos.

1923 : vaccin contre la diphtérie. **1926** : vaccin contre la coqueluche. **1932** : vaccin contre la fièvre jaune.

1937 : vaccin contre le typhus. **1944** : premier vaccin efficace contre la grippe.

1952 : vaccin contre la poliomyélite (oral sur un sucre à partir de 1962). **1963** : vaccin contre la rougeole.

1964 : vaccin contre la rubéole. **1967** : vaccin contre les oreillons. **1974** : vaccin contre la varicelle.

1976 : vaccin contre l'hépatite B. **1977** : vaccin contre la pneumonie. La même année, la variole est totalement éradiquée dans le monde. **1978** : vaccin contre la méningite. **1992** : vaccin contre l'hépatite A.

Prendre sa retraite

« Mince comme la retraite des vieux » : cette ancienne expression traduit l'idée qu'on se faisait des pensions de retraite. Aujourd'hui elles sont meilleures mais, surtout, elles sont versées à tous, ce qui n'était pas le cas en 1900.

Quelques chiffres sur les maisons de retraite

- 3 % des seniors de 75 et 79 ans vivent actuellement dans un établissement pour personnes âgées.
- Ce chiffre atteint 22 % pour les hommes de 90 et 99 ans et 37 % pour les femmes du même âge.
- En moyenne, c'est à 84 ans aujourd'hui qu'on entre en maison de retraite, contre 80 ans en 1990.
- Au total, il y a actuellement plus de 600 000 places en établissements pour personnes âgées.
- Les plus de 100 ans y prennent une place croissante. On comptait une centaine de personnes de cet âge en 1900, plus d'un millier en 1970, 15 000 en 2010... et on en attend 200 000 en 2060 !

Toucher une pension avant 1914

En 1900, ne perçoivent une pension de retraite que les militaires, les fonctionnaires civils, les mineurs et les ouvriers qualifiés de certaines grandes entreprises, à condition que leur carrière ait été longue. Même ainsi, s'il n'y a pas assez d'argent dans les caisses de l'État l'année prévue pour la pension, le départ est tout bonnement décalé. Les instituteurs, par exemple, sont censés partir après 30 ans de service. Mais jusqu'en 1910, les archives abondent en courriers d'inspections académiques demandant au préfet d'insister auprès du ministre pour que telle maîtresse « âgée et incapable désormais d'aucun travail intellectuel » ou que tel instituteur « qui compte 49 ans de services » obtiennent le droit, plusieurs fois reporté, à leur pension de retraite. Des certificats médicaux y sont parfois joints pour prouver que « le vieux maître est atteint de ramollissement cérébral » et faire accélérer les choses !

Les liens entre grands-parents et petits-enfants sont toujours forts. Ci-dessus, une arrière grand-mère est même présente (1962). En bas, le grand-père montre du doigt le photographe à l'enfant (1921).

En 1909, les cheminots accèdent eux aussi aux pensions de retraite. En 1910, des rentes ouvrières et paysannes sont obligatoires pour les salariés les plus modestes, mais le système ne dure pas.

L'entre-deux-guerres

Entre 1928 et 1930, l'État met en place un système de retraite par capitalisa-

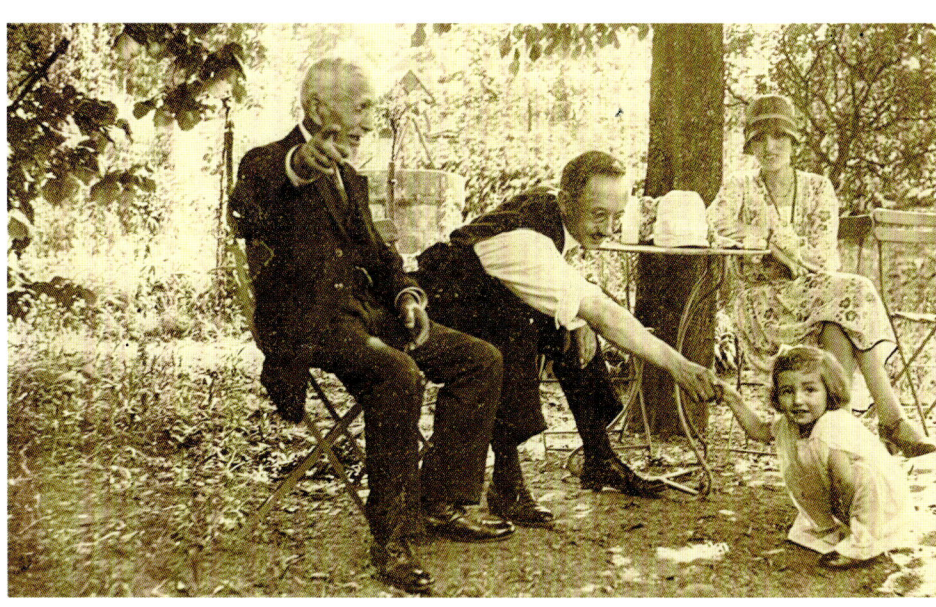

tion pour les salariés du commerce et de l'industrie les plus pauvres. Après 30 ans de cotisations personnelles, les assurés peuvent toucher une rente. Mais l'inflation fait fondre les économies placées. Du coup, à 72 ans, une personne sur deux travaille encore en 1936. S'arrêter, c'est s'appauvrir, voire échouer à l'hospice (on ne parle pas encore de maison de retraite) si l'on n'a pas d'enfants chez qui se retirer.

En 1941 est créée la retraite des vieux travailleurs salariés (AVTS) qui fonctionne par répartition.

Après guerre

En 1945 se met en place la Sécurité sociale et le réseau de retraite que nous connaissons (par répartition). L'assurance vieillesse est étendue en 1947 à toute la population active. Artisans et commerçants indépendants ont une retraite à partir de 1948, les exploitants agricoles à partir de 1953. Enfin, en 1956 l'État met en place un fonds de solidarité et un minimum vieillesse garanti à toute personne de plus de 65 ans n'ayant pas cotisé (ou pas suffisamment). Un enseignant se souvient de l'émoi de ses grands-parents, très âgés et autrefois domestiques agricoles, au versement de leur première pension : « Tu te rends compte, l'État nous donne de l'argent ! Et on n'a même pas besoin de travailler pour le gagner ! ».

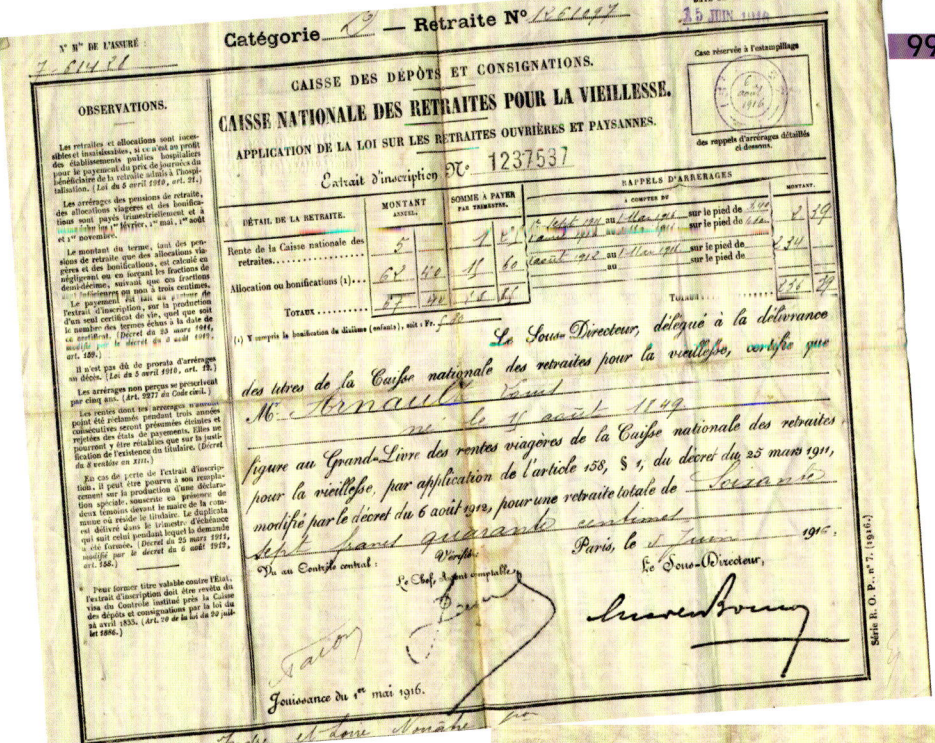

Après 1975

En 1982, l'âge légal de la retraite est abaissé à 60 ans... une initiative qui tombe mal puisque le chômage s'étend (or les retraites sont payées par ceux qui travaillent) et que la population vit de plus en plus longtemps. « J'ai un peu honte, me disait avec humour une institutrice de 99 ans, quand je réalise que l'État m'a payé davantage à rester chez moi qu'à travailler ! ». Le problème du financement des retraites se fait crucial et les réformes se multiplient. La durée de cotisation nécessaire passe de 37,5 ans à 40 ans, pour les salariés du privé en 1993, pour ceux du public (pas tous) en 2008. Puis à 41 ans en 2012.

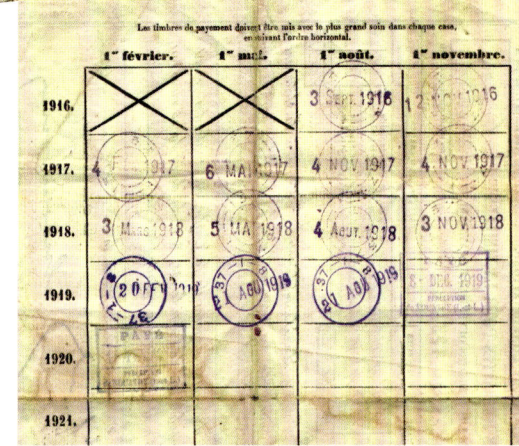

Un certificat de 1919 de la Caisse nationale des retraites pour la vieillesse. On ne vivait pas vieux : la pension n'a même pas été versée pendant quatre ans.

Grands-parents et petits-enfants

Combien sont ils ? En 1992, on compte en France 12,6 millions de grands-parents (qui ont en moyenne 4 petits-enfants) et 2 millions d'arrière grands-parents. Ces chiffres ne cessent d'augmenter, on recense en 2013 plus de 15 millions de grands-parents (le nombre d'arrière grands-parents n'a pas été évalué).

De quoi parlent-ils ? Les sujets de conversation entre grands-parents et petits-enfants portent principalement sur la famille elle-même (49,5 % des discussions), sur leur santé (26,5 %), sur le travail professionnel ou scolaire (25 %), sur les loisirs des uns et des autres (13,5 %) et presque à égalité sur l'ancien temps et sur les actualités (7,4 % et 7,8 %) (chiffres 1992). Mais quand on interroge les grands-parents sur ce dont ils aimeraient parler aux jeunes, 95 % veulent en priorité « leur raconter des souvenirs de leur vie et de l'histoire de leur famille » et « leur transmettre un savoir-faire ».

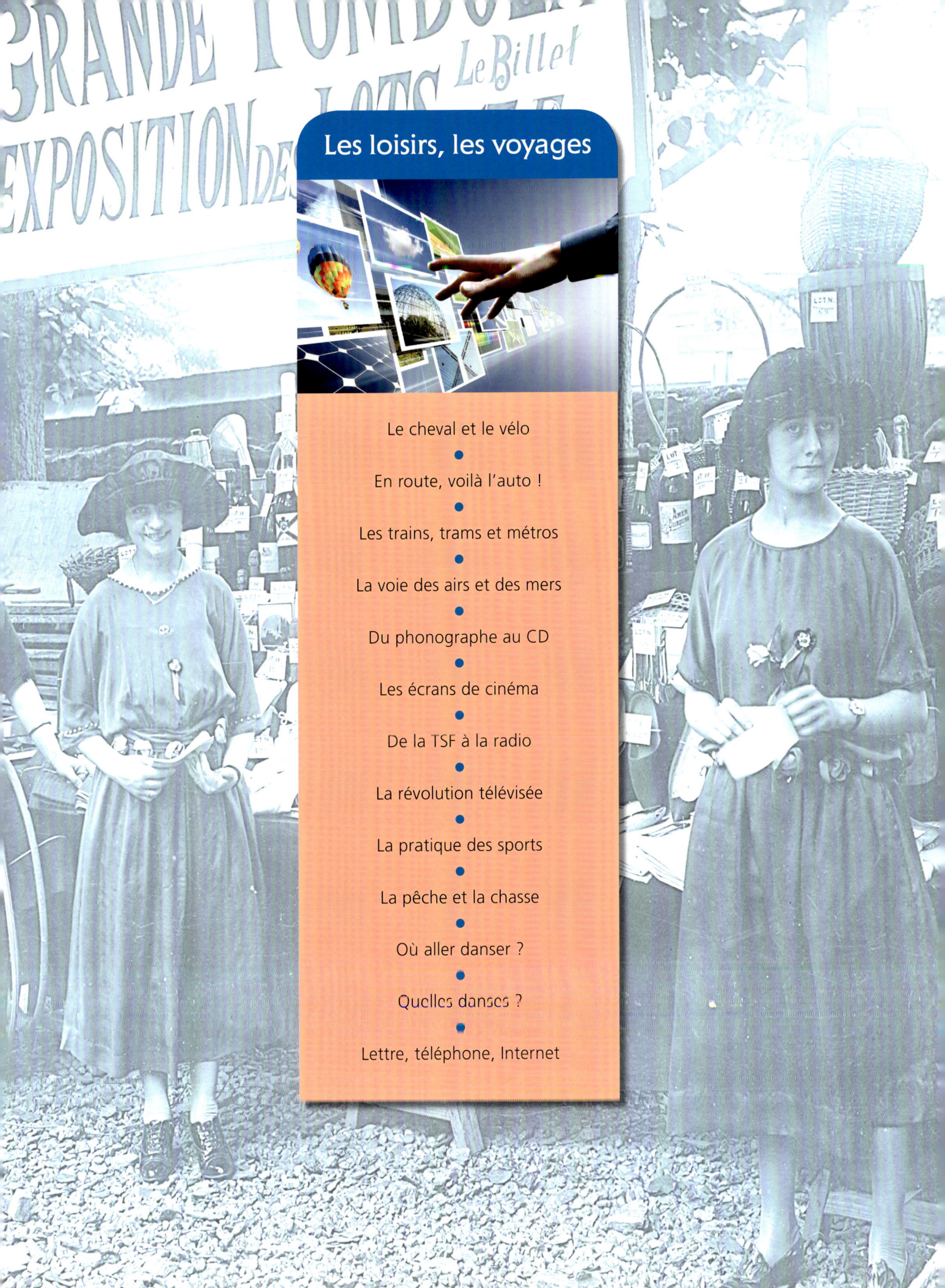

Les loisirs, les voyages

Le cheval et le vélo

•

En route, voilà l'auto !

•

Les trains, trams et métros

•

La voie des airs et des mers

•

Du phonographe au CD

•

Les écrans de cinéma

•

De la TSF à la radio

•

La révolution télévisée

•

La pratique des sports

•

La pêche et la chasse

•

Où aller danser ?

•

Quelles danses ?

•

Lettre, téléphone, Internet

Le cheval et le vélo

« Il faut faire très attention en traversant la rue, écrivait une écolière en 1923, car il y a des vélos qui roulent très vite ». Les modes de locomotion sont en cours d'évolution, les trains sont déjà là et les bicyclettes s'imposent pour les trajets courts.

Avant 1914

Dès 1887, la Manufacture de Saint-Étienne commercialise l'Hirondelle, qui devient le modèle de vélo le plus vendu du pays. Depuis que Michelin lui a ajouté des pneus en 1891, rouler à bicyclette est devenu facile, même si seules les routes nationales sont goudronnées. Dans l'esprit des manèges pour l'apprentissage de l'équitation, les acheteurs citadins peuvent s'initier sur piste à la pratique du vélo. Mais la plupart apprennent comme aujourd'hui : par essais et chutes successives !

Le cheval reste le moyen de locomotion privilégié, sauf pour les longues distances où il a déjà été supplanté par le train. Mais le vélo s'implante partout : on peut y placer un panier, y accrocher une petite remorque et, surtout, il est beaucoup plus rapide qu'un cheval attelé qui va au pas. Dans chaque village, malgré les cahots des routes de terre, une dizaine de familles

Chronologie des routes et des vélos

● 1861 : deux carrossiers, Pierre Michaux et son fils Ernest, inventent en France en 1861 un système de vélo avec des pédales.

● Avant 1914, seules les routes nationales sont goudronnées, celles des grandes villes goudronnées ou pavées (ci-dessus : l'avenue du Bois de Boulogne à Paris vers 1905). À la campagne, il y a 1 vélo par hameau.

● Entre-deux-guerres : on goudronne les routes départementales, on commence à empierrer les chemins ruraux. Il y a 1 vélo par famille ou presque.

● De 1947 à 1967, on goudronne les chemins vicinaux ruraux, on construit des trottoirs dans les petits villages. Tout le monde a 1 vélo.

De haut en bas : un maréchal-ferrant reconverti en garagiste (remarquez les fers à cheval accrochés sur le mur), des cyclistes des années 2000 et d'autres des années 1900.

ont désormais une bicyclette ; dans les hameaux, il y en a au moins une que l'on peut prendre en cas d'urgence pour aller chercher médecin ou curé.

Dès 1900, la police s'est équipée de vélos pour poursuivre les voleurs... qui sont déjà devenus cyclistes pour s'enfuir plus vite ! Ces brigades policières sont surnommées les hirondelles.

Depuis 1893, les vélos ont une plaque d'immatriculation, en cuivre, en laiton ou en fer-blanc et font l'objet d'une taxe fiscale. Ce système sera supprimé en 1958... mais l'État semble y revenir actuellement.

L'entre-deux-guerres

Dans les années 1930, chaque famille ou presque possède désormais un vélo. On l'utilise pour rejoindre l'usine ou le bureau, pour aller chercher le pain ou le journal plus facilement qu'à pied. Les jupes des femmes ont bien raccourci, pédaler est donc facile. Les phares sont devenus obligatoires si l'on veut rouler de nuit. Pas d'antivol, personne ne songerait à attacher son vélo. C'est une époque où l'on peut encore sortir de chez soi pour faire ses courses sans fermer la porte à clef. Mais le cheval reste utilisé comme moyen de locomotion dans les campagnes.

La seconde moitié du siècle

On ne se déplace plus à cheval et l'usage quotidien du vélo se perd. La bicyclette est délaissée au profit des cyclomoteurs (dont la fameuse mobylette) après guerre et de l'automobile dans les années 1960.

Les modèles de vélos se multiplient : mini-vélos dans les années 1970 pour les courts déplacements en ville, vélos de sportifs multi-vitesses à plusieurs plateaux et à dérailleurs au même moment, vélos tout terrain (VTT) pour circuler en dehors des routes à partir de 1984... Des pistes cyclables, en nombre toujours croissant, sont construites pour protéger les cyclistes des véhicules plus rapides. Puis les villes proposent des vélos en accès partagé (payant) : la Rochelle en 1974, Rennes en 1998, Grenoble en 2004, Lyon en 2005, Paris et bien d'autres en 2007, etc.

Apprentissage vers 1900 : les jupons sont bien encombrants, la descente va sans doute mal finir...

Mobylettes, vespas, scooters, motos...

Entre-deux-guerres : diffusion des motos (inventées en France dès la fin du XIXe siècle) et des side-cars (moto avec un siège passager sur le côté). Après guerre, elles sont prisées par les jeunes à cause de leur vitesse.

Années 1940 : apparition des premiers cyclomoteurs (moins chers que les motos). Les plus connus sont la Mobylette créée en 1949, vendue à plus de 12 millions d'exemplaires, et le VéloSolex « le vélo qui roule tout seul » selon le slogan, 7 millions d'exemplaires entre 1946 et 1988.

Années 1950 : engouement pour les scooters, pourtant inventés en France en 1902, grâce à la vogue pour la marque italienne Vespa.

En route, voilà l'auto !

Le XXe siècle est vraiment celui de l'automobile ! Elle réduit les distances, bouleverse la mobilité des Français, transforme le paysage ainsi que les rythmes de vie. À partir des années 1960, elle s'impose comme le mode de déplacement préféré à tous les autres.

Combien d'automobiles ?

En 1900, il y a en France un millier d'automobiles. En 1931 : 1,71 million de voitures. En 2000 : 33 millions !

L'incroyable croissance se fait surtout à partir des années 1950. Moins d'un quart des ménages ont une voiture en 1953. En 1966, une douzaine d'années plus tard, plus d'un ménage sur deux en possède une. En 2000 enfin, 80 % des Français sont équipés (un tiers des ménages dispose même de deux véhicules, voire plus).

L'auto change le paysage...

À la fin des années 1960, Pompidou assure que « la ville doit s'adapter à la voiture ». L'État finit de goudronner aussi les chemins ruraux, il fait tronçonner les platanes le long des routes nationales et se lance dans la construction accélérée d'autoroutes, de ponts, de tunnels et de périphériques.

... et change la vie

En 1900, la vitesse était limitée à 20 km/h en rase campagne, à 12 km/h en agglomération. Les Français cumulaient une centaine de km/an. Avec l'augmentation des vitesses et l'auto-

De haut en bas : une voiture de 1900 avec chauffeur, une 2CV et une 4L.

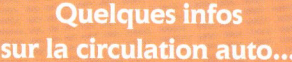

Quelques infos sur la circulation auto...

● Vous souvenez-vous que les phares français étaient jaunes et pas blancs ? La lumière jaune a beau être moins éblouissante et visible de plus loin, la France s'aligne sur l'Europe en 1993.

● Le premier feu de signalisation est installé en 1923 à Paris, au croisement des boulevards Saint-Denis et Sébastopol. Il est rouge, avec une sonnerie. C'est en 1933 qu'apparaissent les feux tricolores vert-orange-rouge.

● En 1899 un examen est imposé pour avoir le droit de conduire une automobile (1893 pour Paris). Il donne un certificat de capacité, devenu permis de conduire en 1922, année de création du code de la route.

Avec la voiture arrivent les embouteillages. Ici, sur une route de campagne en 1949.

nomie accrue qu'offre l'automobile, la population se met à bouger. Les Français parcourent 3 700 km en 1960, ils passent à 9 100 km en 1982 puis à 14 300 km en 2000 ! Le choix du lieu de résidence est de moins en moins déterminé par le lieu de travail.

La 2CV, voiture mythique

Produite de 1948 à 1990, la Deux-Chevaux (2CV ou deudeuche pour les intimes) est longtemps la voiture française type. L'idée de départ, c'était de fabriquer une toute petite voiture de 4 places, 50 kg de bagages transportables, 2 chevaux fiscaux, facile d'entretien, consommant 3 litres aux 100 km, avec une suspension permettant de traverser un champ labouré avec un panier d'œufs sans en casser un seul (la France était encore rurale !), pouvant être conduite en sabots et par n'importe quel conducteur (de James Bond dans *Rien que pour vos yeux* à la sœur en cornette du *Gendarme à Saint-Tropez*).

La 4L éternelle

Créée pour concurrencer la 2CV, la 4L est robuste et haute sur roues, donc passant partout, même sur des chemins défoncés ou pistes de brousse. Haute d'habitacle, elle est la première voiture permettant à un gendarme de conduire en gardant le képi sur la tête.

Elle reste à ce jour la voiture française la plus vendue (8 millions d'exemplaires). Sa production s'est arrêtée en 1992, avec une dernière série intitulée *Bye-Bye*, mais elle est toujours présente sur nos routes (plus de 100 000 encore en circulation en 2009).

La DS chic des notables

Autre mythe : la DS, produite de 1955 à 1975. Révolutionnaire par son confort (suspension toute nouvelle) et sa silhouette (ligne avant effilée, feux arrières aux allures de réacteurs), elle est la voiture des notables : cadres, chefs d'entreprises, stars, élus... jusqu'au président de la République (on dit que c'est grâce à la tenue de route de la DS que le général de Gaulle aurait échappé à l'attentat du Petit-Clamart). On la voit dans *Rabbi Jacob, Le Grand Restaurant, Fantômas, Chacal, Wasabi, Highlander, Scarface, Retour vers le futur, Dark City, Lord of war, 2012...*

Une Ami 6 et sa publicité.

En 2000, les habitacles se font toujours plus vastes...

Périphérique et autoroutes : quelques dates

1936 : construction de la première autoroute moderne (20 km, de Saint-Cloud à Orgeval), inaugurée en 1946.

1960-1973 : la construction d'un périphérique autour de Paris est lancée en 1960. Les travaux commencent au niveau de la porte d'Orléans, à l'emplacement des anciennes fortifications de Paris. Il faudra 13 ans pour achever la construction des 35 km. Le dernier tronçon réalisé est celui qui longe la porte Maillot.

1955 : création de la 1ère société d'autoroute (Escota), l'État finançant à travers le régime de la concession et le recours au péage le développement d'un réseau qu'il ne pourrait faire construire seul.

1960 : l'État demande la création de 3 558 km d'autoroutes, dont 1 933 km sont à réaliser avant 1975.

Aujourd'hui : il existe 142 autoroutes, représentant plus de 9 000 km de voies (chiffres 2014), ainsi que plus de 68 km de ponts et de tunnels à péage, financés eux aussi par le système de la concession.

Les trains, trams et métros

En essor continu depuis 1837 (date de la création de la première ligne voyageur), le trafic ferroviaire voyageurs a été multiplié par 2 entre 1950 et 2000. En plus des lignes de trains sont construits aussi des réseaux de métro et de tramway. Ça roule !

Des compagnies à la SNCF

Entre 1870 et 1914, la longueur du réseau de voies ferrées fait plus que doubler en France, passant de 17 430 km à 39 400 km. Les destructions de 1914-1918 plongent dans le déficit la plupart des compagnies de chemin de fer qui se partagent le territoire. En 1937, Léon Blum lance donc la nationalisation de la SNCF, officiellement constituée le 1er janvier 1938. L'État est actionnaire à 51 %, les 49 % restants acquis aux compagnies privées d'origine (Paris-Orléans, Nord, Est, Paris-Lyon-Méditerranée et Midi). Le réseau dispose alors de 42 700 km de voies dont 8 % sont électrifiées.

L'évolution du réseau

La SNCF poursuit l'électrification des lignes, sauf dans le Nord-Est, l'état-major des Armées s'y opposant de peur que les Allemands ne s'en servent. La SNCF ne réussira à obtenir, de haute lutte, l'autorisation d'électrifier les lignes de l'Est que... le 31 juillet 1939, à quelques semaines de la déclaration de guerre.

Quant aux voies

Le métro en quelques grandes dates

- 1900 : ouverture de la 1e ligne de métro à Paris (Porte Maillot à Porte de Vincennes). Ci-dessus : Bastille.

- Années 1930 : le réseau parisien s'étend à la banlieue.

- À partir des années 1970, d'autres villes construisent à leur tour un métro : Lyon en 1974, Marseille en 1977, Lille en 1983, Toulouse en 1993, Rennes en 2002. D'autres ont préféré établir un tramway.

- 1982 : suppression de la 1e classe qui existait dans les rames dès 1900.

- 2014 : le métro parisien compte 214 km de voies en 16 lignes et 297 stations. Il transporte 3,9 millions de voyageurs par jour.

De haut en bas : un compartiment capitonné de 1e classe vers 1900 (chacun avait sa propre porte donnant sur le quai), une voiture-bar corail des années 1970, une voiture-restaurant des années 1950 et l'intérieur d'une voiture de TGV de 2e classe dans les années 2000. À gauche : intérieur d'une rame de métro parisien (2e classe) en 1949.

ferrées traditionnelles, elles sont au départ constituées de rails de 18 à 36 mètres de long, avec un petit espace de dilatation entre chacun, d'où le fameux tac-tac-tac des trains d'autrefois. Ce bruit répétitif a aujourd'hui disparu, les rails, longs de 150 à 436 mètres, étant désormais soudés entre eux.

L'évolution des trains

En 1900, les trains roulaient déjà à 80 ou 100 km/h. La Micheline, lancée en 1930 avec des pneus pour plus de confort, atteint 130 km/h. Les trains Corail, qui débutent en 1975, peuvent aller jusqu'à 160 ou 200 km/h. Enfin, en 1981, la première ligne de TGV est mise en service. Le TGV établit cette année-là le record du monde de vitesse ferroviaire à 380 km/h. Record battu en 1990 près de Vendôme avec 515,3 km/h pour le TGV Atlantique !

En 1900, il existe pour chaque trajet trois prix correspondant à trois classes de confort, le voyage en 3e classe s'effectuant sur des banquettes en bois. En 1906, le réseau Alsace-Lorraine crée même pour les omnibus une 4e classe, où l'on voyage debout, les sièges étant carrément supprimés. La 3e classe sera supprimée en 1956, l'ensemble des trains ne proposant plus désormais que deux tarifications.

Jusqu'en 1986, le coût d'un billet est fonction de la classe et du kilométrage parcouru, quels que soient le jour et l'heure de départ, même s'il existe par ailleurs des réductions pour les militaires (quart du prix) ou pour d'autres catégories (familles nombreuses...). C'est à partir de 1986 que s'impose une tarification en fonction de la date, pour désengorger les trains des jours de grands départs.

Et le tramway ?

À partir de 1880, se multiplient les lignes de tramway (voies ferrées de petite largeur), y compris en campagne. Elles atteignent leur apogée en 1933 avec plus de 20 000 km de voies. Avec la concurrence de l'automobile, il disparaît à la fin des années 1950. Des réseaux urbains se reconstituent à partir de 1985 compte tenu de l'augmentation du coût du pétrole et de l'engorgement des villes.

Un TGV filant à plus de 300 km/h dans la campagne française. Au-dessus : la gare de Perthes en 1910 avec une locomotive à vapeur à l'arrêt.

Wagons-lits et trains couchettes

XIXe siècle : des trains luxueux avec de larges cabines individuelles pourvues de lits sont conçus pour les voyages internationaux : le Calais-Méditerranée-Express en 1866, devenu le Train bleu en 1922 (à gauche) et l'Orient-Express en 1883, pour citer les deux principaux.

XXe siècle : c'est l'essor des voitures-couchettes, créées en 1897, généralisées à partir des années 1930 et très utilisées de 1950 à 1980, le voyage de nuit évitant une perte de temps. Les banquettes permettent de voyager assis en journée, puis se déploient en couchettes pour la nuit (six couchettes par compartiment en 2e classe, comme à droite).

XXIe siècle : à partir des années 1970, la chute du nombre de voyageurs de nuit amène la disparition du service dans les années 1990 sur de nombreuses lignes et l'arrêt complet des lits et couchettes sur les lignes intérieures en 2007. Il subsiste encore, pour des liaisons internationales longues distances, de nouveaux trains luxueux qu'on peut s'offrir pour rêver...

La voie des airs et des mers

Au XXᵉ siècle, les voies maritimes cessent d'être utilisées par les voyageurs pour ne servir qu'aux touristes et au fret.
En revanche, le trafic aérien est multiplié par 100 sur la 2ᵉ moitié du siècle.
L'avion parcourt en quelques heures ce que les paquebots couvrent en plusieurs jours...

Des débuts timides vers 1930

Entre les deux guerres, sauf exception, les lignes sont surtout destinées à transporter le courrier. Quelques passagers sont parfois admis à bord, coincés entre les sacs postaux. Des compagnies voient le jour dans les années 1930 (Air France en 1933) et les vols passagers réguliers commencent à se généraliser.

Puis le décollage !

Les premières hôtesses de l'Air sont formées après guerre. L'avion étant encore réservé à une élite, elles sont recrutées parmi les jeunes filles de bonne famille. Elles doivent être célibataires et sans enfants et, jusqu'à la fin des années 1950, elles n'ont pas le droit de se marier pendant la durée du contrat. Leurs uniformes sont dessinés par des couturiers prestigieux.

À partir des années 1960, les prix des billets baissent considérablement. De nouvelles populations accèdent aux voyages aériens. On y sert désormais

De haut en bas : une hôtesse de l'air en uniforme dans les années 1970, un équipage d'Air France au complet vers 1950 et un intérieur d'avion au début des années 1970 (les plateaux repas ont déjà fait leur apparition).

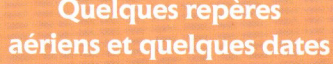

Quelques repères aériens et quelques dates

● L'avion de ligne à succès des années 1958-1973 est la Caravelle, de Sud-Aviation (future Aérospatiale). Selon les modèles, elle permet d'emporter de 80 à 130 passagers sur 1 650 à 3 400 km.

● Le Concorde franco-anglais est un avion supersonique (le seul avec le Tupolev russe) créé en 1969. Il assure des vols passagers de 1976 à 2003, avec Paris-New York en 3h30.

● Le premier aéroport civil de Paris est celui du Bourget, ouvert en 1919. En 1948, Orly, jusqu'alors aéroport militaire, s'ouvre à l'aviation civile. Fin 1960, Orly est le premier aéroport d'Europe. Roissy est construit à partir de 1964 et inauguré en 1974.

des plateaux repas. Le cinéma fait son apparition en vol en 1966. En 1969, plus de 5,5 millions de passagers voyagent avec Air France, deux fois plus qu'en 1959, et cette croissance du trafic ne cessera plus (76 millions de passagers en 2011), amplifiée encore par l'apparition des vols *low costs* dès les années 1990 en Europe, suite à la déréglementation du transport aérien.

Côté paquebots...

Pendant longtemps, le transport maritime a semblé plus important pour le fret que pour les passagers. Puis les grands transatlantiques sont créés à partir des années 1860 par Transat, P&O, White Star Line, Cunard... En 1900, on met moins de cinq jours pour traverser l'Atlantique dans des paquebots dotés de tout le confort électrique. Lambris d'acajou et de bois laqués, vitraux et dômes de verre, colonnades, lits à baldaquins, tapis épais, miroirs, tables de marbre... ces géants des mers sont réputés pour leur luxe. Pour 1 500 à 3 000 passagers, on compte alors 500 à 1 100 membres d'équipage, chargés de répondre aux caprices de leurs très riches passagers. Certains sont restés célèbres, comme celui qui, vers 1910, exigeait chaque jour du lait frais et faisait embarquer une vache, dont il faisait cadeau à chaque traversée au stewart chargé de la traire...

Vers 1890 sont créées des 2e et des 3e classes pour que des voyageurs moins aisés puissent s'offrir la traversée... dans des conditions très différentes : la *jet-set* ne voit jamais le bout du nez d'un *middle-class*. Le naufrage du Titanic en 1912 effraie mais ne ralentit pas l'essor du nombre de voyageurs sur la première moitié du XXe siècle.

C'est à partir de la fin des années 1950 que l'avion met en difficulté, voire en faillite, toutes les compagnies maritimes. Le marché de la croisière ne reprendra que dans les années 1970, avec des navires différents, conçus exclusivement pour les vacances, la détente et le divertissement.

 Deux affiches publicitaires pour des croisières en Méditerranée ou sur le fameux paquebot France.

Histoire et chronologie du paquebot France

1872-1910 : lancement par la Compagnie Transatlantique du premier paquebot appelé France. Il avait encore des roues à aube et des hélices. Il cesse sa carrière en 1910.

1912-1960 : la seconde version est si somptueuse qu'on la surnomme « le château de l'Atlantique ».

1962-1974 : la troisième et dernière version du paquebot France est d'un confort exceptionnel, résultant de décennies d'expériences. Celui qui est longtemps le plus grand paquebot du monde est abandonné en 1974 pour non-rentabilité, du fait de la concurrence croissante des lignes aériennes. Michel Sardou lui rend hommage l'année suivante avec « Ne m'appelez plus jamais France ». Revendu à un homme d'affaires saoudien en 1977 puis à un armateur norvégien en 1979, le paquebot est rebaptisé Norway et assure des croisières en mer des Caraïbes. Cédé en 2006 à un ferrailleur, il est démantelé en Inde en 2009.

Du phonographe au CD

En un siècle, on est passé d'un monde sans musique ou presque (il fallait chanter ou jouer d'un instrument) à un univers où le son est roi. Non seulement dans les salles de concerts, mais à la maison et dans les magasins. Mieux : on peut emporter sa musique avec soi et l'écouter désormais dans la rue...

Combien de tours par minute ?

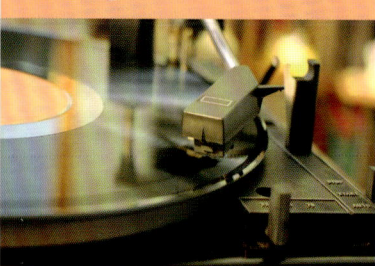

- Les premiers disques pour gramophones tournent à la vitesse de 90 tours par minute.

- Dans les années 1920, on passe à 78 tours par minute.

- Dans les années 1940 sont créés les disques 33 tours 1/2 par minute (disques longue durée) ou 45 tours par minute (pour l'enregistrement d'un ou deux succès du moment). Certains modèles conservent du 78 tours par minute pour continuer à écouter les anciens disques. D'autres appareils (rares) font du 16 tours par minute.

- Dans les années 1980 naissent les disques laser compact... dont la vitesse n'est même plus évoquée.

Le phonographe

En 1900, le phonographe permet d'écouter de la musique chez soi. L'appareil est constitué d'un coffre, d'un pavillon pour que le son s'entende mieux et d'une manivelle (puis d'un petit moteur électrique). Le son est gravé soit sur des cylindres, soit sur des disques (les appareils sont alors souvent appelés gramophones). Mais la durée du son n'est que de deux à trois minutes et l'appareil reste cher. On ne le trouve que dans les maisons des mélomanes aisés.

Cela ne veut pas dire pour autant qu'on vit sans musique, car tout le monde chante. Dans les rues, au travail, en famille, l'habitude est prise depuis longtemps de fredonner les airs à la mode : en ville, les colporteurs et les marchands ambulants vendent sur papier les paroles et les musiques qui plaisent.

Dans les années 1920, les techniques d'enregistrement du son s'améliorent. On passe à 78 tours par minute, pour une audition de cinq minutes de musique. Les phonographes commencent à s'implanter dans les cafés.

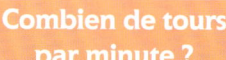

Le phonographe portable fait même son apparition, le couvercle de la mallette remplaçant le pavillon. Des résines synthétiques résistantes sont utilisées pour les disques qui prennent le nom de « 78 tours haute fidélité ».

Le tourne-disques

Du phonographe portable au tourne-disques, appelé aussi électrophone, il n'y a qu'un pas.

À partir de 1939, on condense davantage de sillons par disque pour créer des « microsillons ». La durée d'écoute passe de cinq à trente minutes (une vraie révolution) et les disques peuvent être écoutés sur les deux faces.

Après guerre, les tourne-disques ou électrophones, devenus bon marché, entrent dans toutes les maisons. Ils sont de dimension réduite, leur amplificateur est dans le socle, le haut-parleur dans le couvercle. Les disques vinyle sont résistants et abordables.

Les années 1960-1970 sont celles des chansons yé-yé dont les adolescents s'arrachent les 45 tours/mn et des boums, organisées facilement puisque la musique est à portée de main !

Avec l'amélioration continue des techniques, les chaînes haute-fidélité arrivent dans les années 1970. Elles dissocient la lecture du disque et l'amplification du son, réalisée désormais en stéréo via des enceintes acoustiques.

Les lecteurs de CD

Tout cet univers technologique et musical se trouve bouleversé dans les années 1980 par l'arrivée des disques compacts (CD). Une seule face du CD est enregistrée, mais elle permet plus d'une heure d'écoute, avec une qualité de son exceptionnelle.

À la fin des années 1980, le cœur et les oreilles du public basculent donc définitivement vers les disques et les platines laser. Les disques vinyles cessent d'être produits et diffusés vers la fin des années 1990.

Les baladeurs

L'avantage du disque compact, c'est qu'il est si petit et si peu fragile qu'il permet d'imaginer d'autres modes d'écoute du son. Il existait déjà des lecteurs portatifs de cassettes audio, parfois équipés d'écouteurs, mais les cassettes étaient fragiles. Le CD permet de renouveler l'idée.

Dès 1979, Sony imagine un système d'écoute électronique portable appelé Walkman. Il crée même des mini disques (au succès mitigé) dans les années 1990.

Le baladeur devient d'usage courant. Il permet de se déplacer en musique, par exemple pour prendre les transports en commun en se coupant du monde. Les critiques ne manquent pas (isolement, risques d'accident par inattention, problèmes auditifs en cas d'usage intensif...) mais n'empêchent pas l'essor des baladeurs. Signalons pour finir que la technologie des MP3 est inventée en 1998 mais qu'elle ne se diffuse en France qu'à partir de 2001, avec l'iPod ultra plat d'Apple.

Avec le baladeur et ses écouteurs, l'individu devient maître de ses choix musicaux, de son heure d'écoute et de la durée.
Plus d'inconvénients pour les voisins... mais peut-être pour les oreilles, parfois soumises à des sons trop puissants.

Le disque compact : chronologie et petites histoires...

1978 : Philips et Sony inventent conjointement un disque optique compact, dont le son doit être lu par des platines laser. Les premiers prototypes mesurent 11,5 cm de diamètre, pour une heure d'écoute. Or, Mme Morita, épouse du président de Sony, et Herbert von Karajan souhaitaient tous deux qu'on puisse faire tenir sur un seul CD la version lente de la 9e symphonie de Beethoven, qui dure 70 minutes. Le diamètre des CD est donc finalement passé à 12 cm, ce qui offre une durée moyenne d'écoute de 75 minutes.

1982 : les premiers CD et la première platine laser sont commercialisés à partir de la fin de l'année.

1986 : les ventes de platines laser, plus petites et plus compactes, dépassent celles d'électrophones.

1988 : les ventes de CD dépassent les ventes de disques vinyles. Ceux-ci semblent définitivement oubliés... jusqu'aux années 2010 où leur utilisation par les DJ crée un effet de mode et relance leur fabrication.

Les écrans de cinéma

Les frères Lumière, au nom prédestiné, ont inventé le cinéma dès 1895. Les films se veulent techniquement toujours plus proches de la réalité (apparition du son puis de la couleur) avant de s'en éloigner avec les images de synthèse et les effets spéciaux.

Le début du XXᵉ siècle

En 1895 à Paris, les frères Lumière associent une bande perforée d'images photographiées (20 vues par minute, un système inventé une dizaine d'années plus tôt pour étudier les mouvements) et le défilement des images en utilisant tout bonnement le principe du pied de biche qui fait avancer le tissu dans une machine à coudre.

Leur projection d'une « photographie animée », d'une durée assez longue et pour une salle entière, soulève un tel enthousiasme des invités qu'il surprend même les inventeurs !

L'industriel Léon Gaumont développe rapidement un réseau de salles et de distribution. Il crée en 1911 le Gaumont Palace à Paris, la plus grande salle de cinéma au monde, qui accueille jusqu'à 6 000 spectateurs. Le forain Charles Pathé devient dès 1901 producteur et réalisateur de films.

En ville, les salles qui s'ouvrent sont construites comme des théâtres, avec une fosse devant la scène pour un pianiste ou un petit orchestre. Car le cinéma muet s'écoute en musique, avec des effets sonores adaptés. Dans les campagnes, ce sont des forains qui passent projeter les films (des *Charlot* surtout) dans des granges qu'on leur prête. Des partitions sont louées en même temps pour que les projectionnistes puissent accompagner chaque séance de musique, de bruitages et de commentaires à lire à voix haute.

Les années 1930-1940

En 1930 arrive le cinéma parlant, qui connaît tout de suite un succès extraordinaire. À cette époque encore, dans les salles, les films sont souvent en

En haut une salle des années 1920, en bas une salle des années 2000.

deux parties, coupées par un entracte. Tout simplement parce qu'un film ne tient pas sur une seule bobine. Si la salle n'a pas les moyens d'installer deux projecteurs qui se relaient, l'entracte laisse au projectionniste le temps de changer la bobine sur son appareil.

Vous souvenez-vous des ouvreuses de cinéma ? Elles apparaissent en 1939. Elles placent les spectateurs dans les rangs, guident dans le noir les retardataires jusqu'à leur siège en éclairant le sol avec une lampe de poche, « Attention à la marche, regardez vos pieds ». Elles vendent des friandises, des boissons et des glaces durant les entractes. On dit souvent que ces ventes et les pourboires sont leur seul salaire, mais les cinémas leur versent un revenu, faible et variable selon la taille de la salle et le jour. Ce petit métier s'éteint dans les années 1980.

MJC et salles paroissiales

Après guerre, les forains reprennent leurs tournées dans les petites localités ne disposant pas de salle de cinéma. Les films ne sont plus projetés dans les

Le palmarès des films français 1945-2000

● La Grande Vadrouille reste en tête du nombre d'entrées de 1966 à 2008 (battu par Bienvenue chez les Ch'tis).

● Les Visiteurs devient n° 2 en 1993 (battu par Astérix mission Cléopâtre, 2002, et Intouchables, 2011).

● Le Petit Monde de Don Camillo (1952) est n° 3. Il est suivi par :

● Le Corniaud (1965).

● Taxi 2 (2000).

● Trois hommes et un couffin (1985).

● La guerre des boutons (de 1962).

● Les Misérables (de 1958).

● Le dîner de cons (1998).

● Le Grand Bleu (1988).

● L'Ours (1988).

granges mais dans les salles paroissiales (pour les villages) ou dans les Maisons des jeunes et de la culture (pour les petites villes).

Les ciné-clubs se multiplient à partir des années 1950. On en trouve désormais en milieu associatif, mais aussi dans tous les lycées. Ils sont animés par des professeurs passionnés qui louent et projettent les bobines de films « qu'il faut absolument avoir vus ».

Les années 1950

Dans les années 1950 apparaît le cinéma en couleur. De la même façon que le cinéma muet avait ses défenseurs à l'apparition du parlant, un débat (qui nous semble aujourd'hui dépassé) oppose les partisans de la couleur et les opposants à ce « bariolage superflu, inopportun et disgracieux ». La couleur est donc dans un premier temps réservée aux films de distraction ou destinés aux enfants. Il faut près de vingt ans avant qu'elle ne soit couramment admise pour les films dits « sérieux ».

La mort du cinéma ?

Les années 1960 sont marquées par l'irrésistible montée de la télévision. Cette concurrence fait chuter la fréquentation des salles dès la fin de la décennie. Mort le cinéma ?

En fait non. La parade la plus immédiate est le grand écran : face au tout petit écran TV familial noir et blanc, les cinémas proposent des écrans panoramiques géants, des effets sonores toujours plus performants (le cheval semble galoper dans votre dos avant de surgir sur scène), des salles climatisées toujours plus confortables... au prix de la disparition des salles populaires et de l'augmentation du coût du billet. De 400 millions d'entrée par an en moyenne de 1945 à 1957, on passe à 166 millions en 2000. Un mouvement de reprise se dessine depuis 2008, dû sans doute aux effets spéciaux des films à grand spectacle et aux nouveaux modes de loisirs.

En haut : une file d'attente devant un cinéma, 1986. Au-dessous : un programme de 1924 du mythique cinéma Louxor à Paris.

La chronologie du cinéma en relief (3D)

XIXe siècle : les images en relief seraient-elles d'invention récente ? Pas du tout. C'est le physicien français Joseph d'Almeida qui réalise en 1858 un procédé de projection de diapositives en relief, avec des lunettes rouge et bleu nécessaires pour les regarder. Quelques films 3D seront réalisés entre 1915 et 1935.

Années 1930 : l'appellation « 3D » se généralise chez les techniciens du cinéma mais la production de films avec des scènes en relief reste très faible.

Années 1980 : le relief est proposé dans plusieurs films, pour faire revenir en salles un public qui reste volontiers devant sa télévision. Mais seules quelques scènes sont concernées, parfois bâclées, la qualité est inégale et le prix des billets plus élevé. Le vrai relief semble limité aux films courts des parcs d'attraction (Futuroscope).

XXIe siècle : ce nouveau siècle semble être celui du décollage du relief. Le film Avatar (2009) est emblématique.

De la TSF à la radio

Avec la TSF puis la radio, les habitations s'ouvrent au monde : l'information y parvient presque en temps réel, les chansons à la mode y passent en boucle, les gags sont repris par les enfants dès le lendemain, les jeux et les émissions littéraires se multiplient...

Les radios en quelques grandes dates

- 1923 : création de Radiola (future Radio Paris) et de Paris PTT.
- 1931 : création de Radio Vatican en quarante langues et de Radio Luxembourg (future RTL).
- 1943 : création de RMC (Radio Monte-Carlo).
- 1955 : lancement d'Europe 1.
- 1975 : création de Radio France et de Radio France International (RFI) en dix-sept langues.
- 1981 : les radios libres sont autorisées et NRJ se lance.
- 1983 : création de Nostalgie.
- 1985 : création de Fun Radio.
- 1986 : création de Skyrock.
- 1987 : création de France Info.
- 2000 : création du réseau régional France Bleu.

La TSF et le grand public

La télégraphie et la téléphonie sans fil existent depuis le début du XXᵉ siècle mais leur usage est strictement militaire et maritime. C'est fin 1921 que Radio Tour Eiffel émet la première émission (1/2 h de musique et météo) à destination du public. Début 1923 Radiola (qui deviendra Radio Paris) lance le premier journal parlé. Radio PTT se lance à son tour, mais une loi établit la même année le monopole de l'État sur les émissions et les réceptions radiophoniques. Les postes de TSF doivent être déclarés par les usagers (ils seront taxés à partir de 1933).

La TSF a du succès. Dans les campagnes, les premiers appareils apparaissent à la fin des années 1920, souvent chez l'épicier ou le cafetier du village. On s'y réunit pour l'écouter.

La guerre 1939-1945

En 1939, le réseau se trouve divisé en deux : au Sud une radio créée à la hâte par le gouvernement de Vichy, et au Nord les anciennes radios désormais contrôlées par les Allemands. À partir de 1940, la BBC émet vers la France,

le général de Gaulle y créant « Les Français parlent aux Français » pour servir la cause alliée. Avec l'annexion de la zone Sud en 1942, tous les émetteurs sont surveillés par les Allemands, écouter la BBC entraîne l'arrestation.

Les émissions phares 1945-1981

Après guerre, toutes les radios passent sous le contrôle de l'État, mais l'engouement du public ne se dément pas. Dans les années 1960, chaque famille ou presque possède désormais un poste « à transistor », bien souvent allumé toute la journée et placé dans la pièce à vivre (salon, cuisine...). La radio d'État (RTF, future France Inter),

Sur cette page : 3 postes de TSF des années 1930, qu'on écoute en famille.

RTL, RMC et Europe 1 (à partir de 1955) sont massivement écoutées. Parmi les émissions phares :

– l'émission littéraire « Le Masque et la plume » (France Inter) à partir de 1955

– le « Jeu des mille francs » (France Inter), créé en 1958

– « Radioscopie » (1968-1982 et 1988-1990) durant laquelle Jacques Chancel interroge les personnalités en vue

– les émissions de Ménie Grégoire (RTL de 1967 à 1982), qui donne la parole aux auditeurs sur des sujets très personnels (famille, couple...)

– « Les grosses têtes » (RTL) dont Philippe Bouvard assure le succès avec d'autres humoristes depuis 1977

– les histoires de Pierre Bellemare sur Europe 1 (sous divers titres de 1954 à 1986) puis sur RTL (à partir de 1992).

L'arrivée des radios FM

En 1981, les radios locales privées, dites libres, sont autorisées. C'est l'explosion sur la bande FM où se créent NRJ, Nostalgie, Fun Radio, Skyrock, Chérie FM... et des dizaines de petites radios régionales. En 1996, pour endiguer l'augmentation considérable des *hits* américains et anglais sur les ondes, une loi impose aux radios privées de diffuser au moins 40 % de musique française dans la journée, dont 20 % de jeunes talents.

La radio partout

La radio devient omniprésente : autoradio dans les voitures à partir des années 1960, radio réveil au cours des années 1970... Surtout, elle se miniaturise

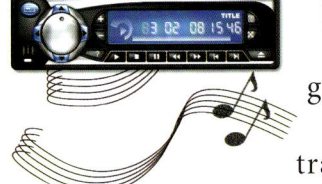

grâce à l'invention des transistors : elle devient petite, légère et peut fonctionner avec des piles à partir de la décennie 1960 (ce qui permet d'écouter les arrivées du tour de France à la plage ou de pique-niquer en musique...).

Pour cette raison, mais aussi parce que la télévision l'a détrônée comme activité familiale de loisir, la radio quitte le salon pour la chambre : on se réveille et on s'endort désormais avec elle. En 2000, elle reste écoutée par 70 % des Français, mais chacun pour soi : la multiplication des stations fait qu'une même génération ne partage désormais plus une même culture radiophonique. Une même famille non plus, car chaque enfant a sa radio dans sa chambre. Le règne du particularisme est en route.

Ci-dessus, un petit garçon dérègle le transistor de la famille en 1971.

La radio est désormais partout : dans les automobiles, dans les chambres où elle a remplacé le réveil-matin...

... et sur les plages et lieux de vacances (hélas pour les voisins).

Quelques chansons à succès 1960-1900... À vous de retrouver le chanteur !

1960-1965 : Souvenirs souvenirs, L'idole des jeunes, L'école est finie, Tous les garçons et les filles de mon âge, La plus belle pour aller danser, Belles, belles, belles, Et maintenant, Sacré Charlemagne, Enfants de tous pays, Santiano, J'entends siffler le train, Elle était si jolie, Biche ma biche, Les Vendanges de l'amour, Un coin qui me rappelle, Nathalie, Les Copains d'abord, Ne me quitte pas... **1965-1970** : Les filles du bord de mer, Siffler sur la colline, Céline, Aline, Chez Laurette, Capri, Ma petite est comme l'eau, Les jolies colonies de vacances, La Californie, Adieu jolie Candy, Oh Lady Mary... **1970-1975** : Mon vieux, Les vacances au bord de la mer, Je suis malade, la Maladie d'amour, Les Jours heureux, Vanina, Fais comme l'oiseau, Une belle histoire, Mamy Blue... **1975-1980** : Bidon, Laisse béton, Rockcollection, Le chanteur, La Maison du bonheur, Je l'aime à mourir, Je vais t'aimer, Lettre à France, Les Mots bleus, La ballade des gens heureux, L'été indien, J'ai oublié de vivre, Qu'est-ce qui fait pleurer les blondes ?, Vous les femmes, Où sont les femmes ?, Mon père, Michèle, Manureva, Alexandrie Alexandra...

La révolution télévisée

Que pouvait-on bien faire à la maison quand on n'avait pas la télé ? Question classique que les petits-enfants posent à leurs grands-parents. En moins d'un demi-siècle, la télévision a révolutionné les loisirs et la vie de famille...

Combien de chaînes de TV en France ?

● 1935 : la 1ère émission officielle de la Télévision française est lancée.

● 1945 : création de la RDF qui deviendra RTF en 1949, ORTF en 1964 et disparaîtra en 1974. Il n'y a bien sûr qu'une seule chaîne.

● 1963 : création de la 2e chaîne.

● 1972 : création de la 3e chaîne.

● 1984 : création de la 1ère chaîne privée payante, Canal +.

● 1986 : lancement de La Cinq et de TV6, qui devient M6 en 1987.

● 1992 : La Cinq est remplacée par Arte (+ France 5 en 1994), Antenne 2 devient France 2 et FR3 France 3.

● 2005 : la TNT s'installe en France avec des chaînes payantes, en 2008 avec des gratuites qui se multiplient.

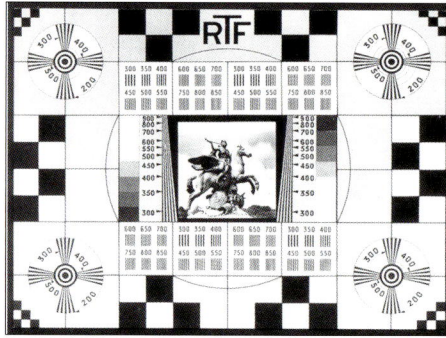

Tout le monde s'équipe !

Même si les toutes premières émissions TV apparaissent en 1935, il n'y a en France que 3 000 postes de télévision en 1949. En 1953, année de la retransmission du couronnement de la reine Elisabeth II, seulement 1 % des ménages ont une télévision. Mais les taux d'équipement s'envolent à partir de ce moment-là : 13 % des familles en ont une en 1960, plus d'un foyer sur deux en 1966, les deux tiers en 1971. Ainsi, l'événement majeur que constitue l'arrivée des astronautes sur la lune en 1969 est regardé par quasiment tous les Français : s'ils n'ont pas encore la TV, ils ont du moins assisté à la retransmission chez un voisin, dans un hôtel ou dans un café sur leur lieu de vacances.

Un usage communautaire...

Dans les villages où vivre en communauté est habituel, la télévision est d'abord

En haut une publicité de 1963, au dessous un poste TV de 1981, en bas un écran des années 2000. Le site Internet http://radio-piffret.pagesperso-orange.fr/TV_et_video.htm montre toutes les évolutions du matériel. À gauche : la mire TV de 1953 (en haut) et le logo de l'Euovision de 1954.

un lien de plus. La première TV apparaît souvent vers 1960, achetée par un nouveau venu ou par l'instituteur. Soit pour mieux s'intégrer à la population soit pour récompenser les élèves, ils invitent cinq ou six enfants à regarder les programmes du jeudi après-midi : *Thierry la Fronde, Poly, Lagardère, Rintintin* ou *Zorro* à partir de 1965... Ceux qui s'équipent d'une TV vers 1965-1966 font à leur tour signe aux voisins, comme pour les veillées d'autrefois. Les familles se rassemblent et bavardent autour de l'émission du soir. Les programmes à succès ? La *Piste aux Étoiles,* qui mettait le cirque à portée des bourgs où aucun chapiteau ne s'était jamais monté, la série historique de Stellio Lorenzi, *La caméra explore le temps,* ou les six épisodes de son *Jacquou le Croquant.* Bernard Stéphan, dans son livre *Paysans mémoires vives* (Autrement 2006) raconte l'impact de cette série dans les campagnes périgourdines : « En 1969, la télévision est encore rare, elle se regarde collectivement. Pour la diffusion de *Jacquou le Croquant,* à chacun des soirs de la diffusion du film qui eut six épisodes, la vie au pays s'est complètement arrêtée. La salle à manger des Sadrin et la grande cuisine d'Aline Laurière furent pleines de spectateurs comme s'il s'était agi de salles de cinéma. [...] *Jacquou le Croquant* renvoyait à leur lointaine mémoire, aux arrière grands-parents, aux usages agraires anciens, aux luttes sociales mémorables, à leur terre. Mais c'était aussi une très grande fierté pour eux de voir leur campagne, leur Périgord, dans la lucarne. Certains avaient les larmes aux yeux devant l'écran. Aline Laurière qui parlait sans cesse à l'ordinaire faisait silence pendant la diffusion. Pour la première fois, la télévision regardait notre mémoire commune, notre histoire proche, nos paysages ».

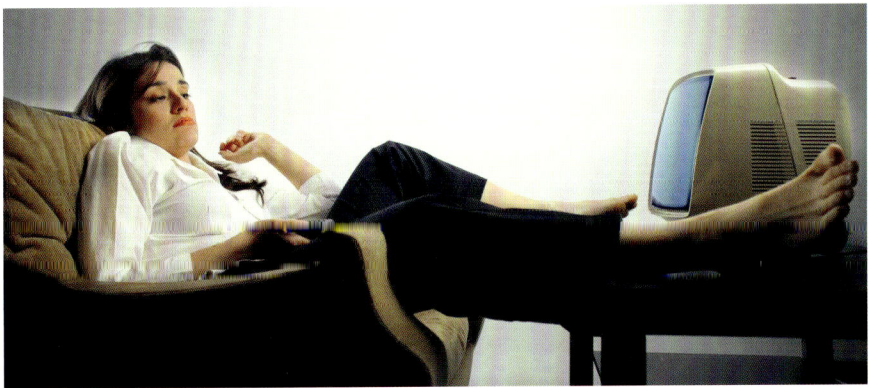

Aujourd'hui, la télévision occupe souvent le centre de l'espace, face au canapé ! À droite les logos des trois chaînes TV en 1975, année de leur changement de noms.

... puis individuel

À partir des années 1970, la TV a tout conquis, les salons des villes et les cuisines des fermes... Au lieu d'aller chez les voisins ou de les inviter, on rentre chez soi, on pousse le bouton pour allumer le poste, c'est si simple de s'asseoir et de regarder, au détriment de toute autre activité. La vie de famille en est transformée, car la télé est dans la pièce à vivre, parfois regardée en dînant (tant pis pour les conversations) ou laissée sous les yeux des enfants (tant pis si le programme n'est pas de leur âge ou si l'excès d'images les abrutit...). Aujourd'hui la télévision émet 24 h sur 24, elle propose à la fois le meilleur et le pire, elle est source de culture ou d'asservissement, tout est dans l'art de s'en servir !

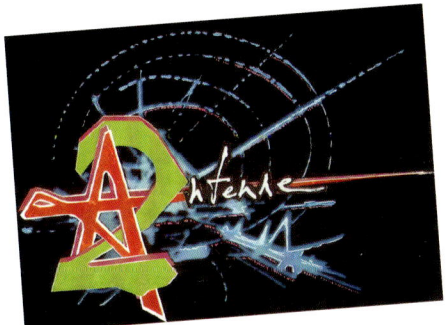

Petite chronologie des évolutions technologiques

1967 : la TV couleur arrive en France sur la 2e chaîne. La 3e chaîne passe en couleur en 1972, la 1ère chaîne (qui devient TF1) en 1975. 7,7 % des ménages ont une TV couleur en 1973, 50 % en 1981...

1978 : les premiers magnétoscopes sont commercialisés en France.

Années 1980 : les télécommandes, inventées en 1956, se généralisent. Elles permettent de régler le son et de changer de chaîne sans avoir à se déplacer jusqu'au téléviseur, ce qui était nécessaire auparavant. Venu de l'anglais, le mot « zapper », pour signifier « changer de chaîne », apparaît en France en 1986.

Années 2000 : la télévision numérique couvre progressivement tout le territoire. Les transmissions analogiques (technique utilisée depuis l'origine) cessent définitivement en 2011. Les antennes en râteau sur les toits ne servent plus, l'image arrive par la ligne téléphonique, le câble ou les satellites via les paraboles.

La pratique des sports

Il y avait suffisamment à faire dans les campagnes autrefois pour muscler son corps sans avoir recours au sport. Escrime, tennis, rugby, football... toutes ces disciplines n'étaient pratiquées que par les lycéens, c'est-à-dire une petite élite urbaine. La pratique des sports ne s'est réellement développée qu'après guerre.

Le sport à l'école

Jusqu'aux années 1950, l'enseignement des sports reste très peu développé en France. Bien sûr, à toutes les époques, les enfants ont couru, joué à la balle ou grimpé dans les arbres. Mais en primaire, les instituteurs se contentent au mieux de montrer des mouvements de gymnastique l'été dans la cour.

Seuls les lycées ont des salles couvertes, un enseignement sportif et des clubs. Ce sont des élèves du lycée Condorcet à Paris qui sont à l'origine du Racing Club de France, des anciens du lycée Buffon qui créent le Stade français, etc. Mais le secondaire est payant, cher, réservé de facto aux enfants de la bourgeoisie. Il n'y a donc qu'une minorité qui poursuit ses études loin en lycée avant les années 1970 (5 % d'une classe d'âge en 1929, 10 % en 1969).

L'escrime, le tennis, le badminton, la natation, le rugby, le football, mais aussi la course à pied ou la boxe, qu'on imagine pourtant aujourd'hui comme des sports populaires, sont donc pratiqués surtout par les jeunes gens « de bonne famille ».

La natation en France en quelques dates

● 1879 : l'enseignement de la natation est obligatoire. Mais il n'y a pas de piscine et les enseignants ne savent pas tous nager. Jusqu'aux années 1950, s'il existe, il se limite à l'apprentissage des mouvements à sec, sur un tabouret, ou à quelques baignades dans la rivière voisine.

● 1958 : création d'un Haut Commissariat aux sports qui souhaite former de futurs champions.

● 1970 : l'État lance l'opération « 1 000 piscines » pour qu'un plus grand nombre d'enfants soit formé.

● 1980 : on met l'accent sur l'autonomie dans l'eau plutôt que sur la compétition. Il existe désormais 1 144 piscines couvertes en France.

Le vélo est l'un des premiers sports réellement pratiqué par tous, avec une diffusion populaire très large de la pratique des compétitions. Ci-dessus : une course dans les années 1910.

Le sport pour l'élite

À l'âge adulte, faire du sport « pour le sport » reste aussi l'apanage des plus aisés. On fait du tennis sur le court de sa résidence ou d'une station balnéaire, on pratique le football ou le rugby avec ses anciens camarades du lycée ou de l'université. En 1900, un journal sportif demande ainsi à ce que les places des matches de foot restent bon marché pour que les spectateurs ne soient pas incités à préférer les matinées théâtrales. Certaines associations de rugby précisent dans leur statut qu'elles n'admettent que des jeunes gens ayant fait des études secondaires. Les horaires d'entraînements sont d'ailleurs calculés en fonction des horaires des théâtres. Bref, seuls les connaisseurs, issus d'un milieu social fortuné, sont alors les bienvenus dans le monde du sport. Y compris pour les arts de combat, escrime bien sûr mais aussi boxe, lutte, savate...

Le vélo populaire

Le cyclisme est le premier sport vraiment populaire, très vite pratiqué par une large partie de la population. Le Tour de France débute en 1903, des courses locales sont créées à la même époque. Et les vélos sont à la disposition de toutes les familles !

Toujours plus de sport !

À partir des années 1950, le sport prend son envol. Le soir, le week-end, les jeunes gens désormais citadins prennent plaisir à se retrouver dans des associations sportives. Le football s'implante partout. On joue dans les rues, sur les places, puis dans les stades construits un peu partout à partir des années 1960-1970. C'est le sport qui compte le plus grand nombre de licenciés (plus de 2 millions aujourd'hui). Le judo venu du Japon se développe aussi à partir de 1946 (près de 600 000 licenciés désormais).

L'introduction de l'éducation physique dans les épreuves du baccalauréat en 1960, la construction d'un collège par jour ouvré de 1965 à 1975 (avec gymnase), les conseils donnés par les médecins à une population qui se sédentarise, tout contribue à développer un goût pour le sport qui ne se dément pas, tant pour les jeux connus de longue date (basket, volley, aviron, badminton) que pour les plus récents (ping-pong, surf, karaté, capoeira...).

Tennis au Croisic en 1906.

Un jeune gardien de but des années 2000...

... et les premiers judokas, ici à Tours dans les années 1950.

La pratique du tennis en France en quelques dates

1879 : création en France des premiers clubs de tennis (Le Havre, Dinard et Cannes), sport importé d'Angleterre, les Anglais le tirant eux-mêmes du très ancien jeu de paume français. Les femmes jouent autant que les hommes.

1900 : création de la Coupe Davis. **1925** : création du championnat international de Roland-Garros.

L'entre-deux-guerres : les Français (Borotra, Cochet, Lacoste, Brugnon et Suzanne Lenglen) gagnent presque tous les tournois internationaux de 1920 à 1932. La Fédération française de tennis est créée en 1920.

Après guerre : ce sport n'est toujours pratiqué que par l'aristocratie et la bourgeoisie. Son essor populaire ne date que des années 1970-1980.

Aujourd'hui : le tennis est, après le football, le sport qui compte le plus de licenciés en France (plus de 1,1 million), hors activités de chasse et de pêche. On y dispute chaque année plus de 2 millions de matches.

La pêche et la chasse

La pêche et la chasse : deux activités de loisirs qui allaient de soi dans une France rurale, mais qui sont en perte de vitesse dans un pays devenu urbain. La diminution des surfaces de chasse et la pollution des eaux de pêche contribuent aussi à leur réduction.

La pêche, loisir qui s'étend...

À la campagne se côtoient depuis toujours des pêcheurs professionnels, des pêcheurs amateurs et des ruraux qui, jusqu'aux années 1950, s'approchent peu de l'eau « dangereuse » (personne ou presque ne sait nager et, dans certaines familles, même si l'on habite près d'un cours d'eau, l'idée de cuisiner du poisson semble extravagante).

En dehors de la population riveraine qui pêche, des citadins viennent aussi plonger leur ligne à la campagne : l'essor de ce loisir correspond à celui du vélo et des chemins de fer. Le dimanche, l'ouvrier ou l'employé de la ville peut partir tôt le matin à bicyclette avec sa bourriche, ses appâts, ses lignes (et son casse-croûte) vers son coin de pêche préféré. En région parisienne, les petits trains peuvent l'emmener aussi vers l'une des rivières d'Île-de-France et la pêche dans la Seine se pratique jusqu'aux années 1950...

Un chasseur de 1967... et en bas un pêcheur de 1972. Belles prises !

... puis un loisir qui se réduit

Les années 1960-1970 sont l'âge d'or de la pêche à la ligne, avec un nombre record d'amateurs. Puis l'engouement décroît. En 1990, on recense presque 2,5 millions de pêcheurs. Aujourd'hui, il n'en reste que 1,4 million. La concurrence d'autres loisirs est pour beaucoup dans cette diminution, mais aussi la moindre qualité de l'eau : qui oserait aujourd'hui manger une carpe pêchée dans la Seine ?

Il se prend aussi moins de poissons, à cause de la pollution selon certains, à cause de la gestion des cartes de pêche selon d'autres : l'argent ne serait pas suffisamment utilisé pour entretenir les plans d'eau et y réintroduire des alevins. La pêche reste cependant, à égalité avec la chasse, la 1ère activité de détente des Français après le football !

La chasse en France

La chasse est permise à tous, moyennant l'acquisition d'un permis, lié à la propriété (le chasseur ne peut utiliser son permis que sur ses propres terres

La réglementation sur la pêche en rivière

● **1829** : la loi affirme la liberté de pêche mais en règlemente l'usage (interdiction de certains matériels, limitation des périodes de pêche, des espèces capturées et de la taille du poisson pêché), avec recrutement de gardes-pêche. Un permis de pêche est obligatoire, délivré par la direction des eaux et forêts du ministère de l'Agriculture.

● **1900** : les associations de pêche se multiplient, repeuplent les rivières et les étangs et organisent aussi des concours de pêche.

● **1941** : tout pêcheur doit adhérer à une association agréée, avec paiement d'une taxe annuelle. C'est l'association qui délivre le permis.

ou celles sur lesquelles on l'admet). À la campagne, le fusil de chasse est autrefois dans toutes les maisons. En 1942 sa déclaration est obligatoire mais entraîne sa saisie par les Allemands. Beaucoup signalent donc l'existence de la vieille carabine du grand-père mais enterrent dans le jardin, pour bien les cacher, les fusils neufs enveloppés dans de la toile goudronnée...

Jusqu'en 1976, la formation se fait sur le tas, de père en fils, l'achat du permis annuel étant autorisé à partir de seize ans. Les enfants se sont habitués tôt à guetter le retour de chasse de leur père (le chasseur est un homme dans 98 % des cas), à plonger la main dans la gibecière pour deviner si le gibier ramené est à poil ou à plume, à pleurer sur les écureuils abattus ou à admirer les plumes des faisans rapportés...

En 1976, il devient obligatoire de passer un examen théorique (et aussi pratique à partir de 2003) avant d'être autorisé à acheter son premier permis de chasse.

Moins d'adeptes

Aujourd'hui l'âge moyen des chasseurs est de 50 ans (45 ans en 1986), 73 % sont issus d'une famille de chasseurs. La plupart ont des terres ou vivent encore dans des départements ruraux. Leur nombre connaît la même diminution que celui des pêcheurs, passant de plus de deux millions en 1980 à moins de 1,4 million maintenant.

Ci-dessus : un permis de pêche de 1936 et des pêcheurs sur le Cher en 1911. Ci-dessous : les timbres fiscaux d'un permis de chasse de 1932.

Un chasseur sachant chasser sans son chien... Zoom sur le chien de chasse !

La meute de chiens de chasse : avoir une meute dans un chenil n'est pas à la portée de toutes les bourses. Les chiens de chasse sont taxés jusqu'en 1971. En 1913 par exemple, un propriétaire doit s'acquitter d'un impôt de 6,92 francs par chien et par an. Quand on sait que le salaire annuel d'un berger est alors de 100 francs par an, la taxe représente pour les plus modestes près d'un mois de revenu... Et le chien reste à nourrir !

Le chien de chasse : si le chasseur n'a qu'un chien, il peut le faire passer pour un chien de garde (la taxe est divisée par 4) et l'emmener quand même à la chasse quand la saison arrive. On distingue les chiens courants, qui poursuivent le gibier et l'attaquent, les chiens d'arrêt, qui stoppent et se tiennent immobiles dès qu'ils ont détecté la présence d'une proie, et les chiens leveurs de gibier, qui les font détaler, s'envoler ou sortir de leur terrier devant le chasseur puis qui rapportent le gibier abattu. 89 % des chasseurs ont un chien en 1986, 78 % maintenant.

Où aller danser ?

Quelle que soit l'époque, la danse a sa place. Elle assemble les groupes et les couples depuis des siècles, elle fait tournoyer filles et garçons... Mais où ? Quels sont au XXᵉ siècle les lieux où l'on danse et quelles sont les occasions qui s'y prêtent ?

La boum des adolescents

● Bourgeoisie et aristocratie invitent depuis des siècles les jeunes gens (triés et sélectionnés par les parents) aux bals organisés pour leurs filles, la forme moderne en étant le rallye.

● À partir des années 1970, les adolescents des villes se mettent à organiser des soirées de danses pour leur anniversaire. Le film de Claude Pinoteau « La Boum », sorti en 1980 (4 millions d'entrée en France), est emblématique de cette tendance.

● Collégiens ou lycéens organisent des boums aujourd'hui encore : les parents sont mis dehors et les jeunes amis envahissent l'appartement le temps d'un soir...

Les bals des noces

Au début du XXᵉ siècle, c'est lors des mariages qu'on danse le mieux ! Les mariés avaient à cœur d'assortir les jeunes gens de leur âge et d'attribuer à chacun le cavalier ou la cavalière qui lui convenait le mieux. D'où d'autres mariages un an plus tard...

Bals de village et de quartier

Jusqu'à la Seconde Guerre mondiale existent les bals du samedi soir pour la population ouvrière urbaine et les bals du dimanche soir pour la jeunesse des campagnes. Les premiers se tiennent dans des cafés, des guinguettes (ci-dessous à Montmartre dans les années 1910), dans des salles communales ou paroissiales. Les seconds également, mais aussi dans des granges. Dans tous les cas, c'est un violoneux, un groupe de musiciens ou un orchestre qui font danser les couples avec les rythmes locaux ou les airs à la mode.

On danse toute la nuit pour les mariages... Et le bal donnait autrefois l'occasion à d'autres couples de se former.

Dans les campagnes, les foires de la jeunesse, les kermesses, les fêtes agricoles, celles des battages ou des vendanges sont encore d'autres occasions de danser. Jusqu'à l'avènement de la télévision, les bals restent ainsi des distractions majeures, souvent hebdomadaires, où l'on se rend en famille.

Le bal du 14 juillet

L'entre-deux-guerres est l'âge d'or des bals du 14 juillet, appelés aussi bals des pompiers parce qu'ils ouvrent leurs casernes ce soir-là et y installent des orchestres. Et personne n'est en reste

pour danser, quel que soit son âge ! Il est même possible de se déplacer à Paris d'une rue à l'autre, d'un carrefour à l'autre, au son des accordéons, sans s'arrêter de danser !

À Paris, des casernes de pompiers accueillent encore aujourd'hui jusqu'à 10 000 personnes pour le bal du soir. Leurs cours sont illuminées et tous les participants ne gardent que de bons souvenirs !

Le bal des catherinettes

Typiquement parisiens et ouvriers, les bals des catherinettes des années 1920-1930 animent les rues de la capitale chaque 25 novembre. Ils sont dédiés à toutes les jeunes filles qui ont pris 25 ans dans l'année sans être mariées. Pour l'occasion, les hôtels, les théâtres, les cinémas ouvrent leurs salles aux catherinettes, coiffées d'un chapeau excentrique qui les identifie. La danse y tient une part importante et les festivités se prolongent tard dans la nuit.

Et maintenant ?

Après guerre, on perd l'habitude de mélanger les générations dans les bals, sauf dans ceux du 14 juillet ou dans ceux des noces. Aller au bal se généralise chez les jeunes dans les années 1960, une habitude prise désormais le samedi, à la campagne comme à la ville. L'autonomie offerte par la voiture permet en zone rurale d'aller chercher plus loin les animations qui plaisent. Les musiciens sont de plus en plus souvent remplacés par des disques. On va moins danser dans des cafés ou dans des salles des fêtes que dans des discothèques ou boîtes de nuit, qui passent en continu de la musique enregistrée sur de puissants systèmes de sonorisation, avec des éclairages colorés mobiles. Pas de mélange de générations : l'entrée est interdite aux moins de 18 ans et les plus âgés n'y vont pas.

Dans les années 1990, les DJ s'y font remarquer, mixant les musiques et modifiant les sons pour créer des ambiances liées à chaque discothèque.

Bal du 14 juillet : une affiche de l'entre-deux-guerres (ci-dessous) et un bal contemporain à Saint-Riquier dans la Somme.

Quelques dates autour des boîtes de nuit...

1945-1950 : apparition en France des premiers juke-boxes dans les bars.

1953 : Régine remplace le juke-box du Whisky à Gogo à Paris par un double tourne-disque pouvant diffuser la musique de façon ininterrompue. Elle peint les lumières de toutes les couleurs et les anime à la main.

1970 : l'incendie de la discothèque de Saint-Laurent-du-Pont en Isère fait 146 morts dans la nuit de la Toussaint. Les normes de sécurité des boîtes de nuit deviennent plus draconiennes.

Années 1980 : elles marquent l'apogée des boîtes de nuit et de la musique disco sous les boules lumineuses à facettes. On compte jusqu'à 4 000 discothèques en France.

XXIe siècle : c'est le déclin. Le nombre de discothèques est divisé par deux en quelques années, à partir de 2008. Les jeunes semblent privilégier désormais les soirées entre amis.

Quelles danses ?

On danse, c'est certain, mais on danse quoi ? À chaque époque ses pas, ses acrobaties, ses modes et sa musique... Les airs qui plaisent viennent tantôt de l'Est, tantôt de l'Ouest... ou tout bonnement de Paris.

Comment apprend-on à danser ?

● Le professeur particulier : il n'en existe plus guère au XXe siècle, même pour les enfants de l'aristocratie.

● Les écoles de danses : un peu partout en France, elles proposent l'apprentissage d'une seule danse (le tango par exemple, le rock'n roll ci-dessus) ou de plusieurs. Certains fiancés viennent s'y entraîner avant leur mariage et les jeunes gens de la bourgeoisie y apprennent, pendant leurs années de lycée, de quoi faire bonne figure dans les salons. D'autres enfin y prennent des cours pour le simple plaisir de bien danser !

● Sur le tas : c'est aussi en dansant qu'on apprend. De bons danseurs ont été formés « sur le vif » par des amis, un grand frère, une grande sœur...

Les danses des années 1900

Galop, mazurka, pastourelle, scottisch, polka, boston, marche, valse... de 1800 à 1900, la tendance profonde est à la simplification. Le galop, venu de l'Est, pratiqué sur un rythme rapide à deux temps, est plus simple que l'ancien quadrille. Même chose pour la mazurka, originaire de Pologne et passée dans les salons puis dans le répertoire populaire. La valse est encore plus facile car les pas ne sont que trois. Encore faut-il suivre le tempo pour ne pas écraser les pieds de son partenaire, mais l'apprentissage est nettement plus aisé ! Et si la valse a fait scandale lors de son apparition en France, ce n'est pas à cause de sa simplicité mais parce qu'il n'y a plus quatre, six couples ou plus, comme dans les danses plus anciennes, avec alternance des cavaliers, mais une danse en couple, avec une proximité de l'homme et de la femme jugée parfois inacceptable.

L'entre-deux-guerres

Charleston, claquettes, fox-trot, java, paso-doble, rumba, swing, tango... Après la Première Guerre mondiale, les danses ne viennent plus de l'Est mais d'Amérique du Nord, du Sud... ou de France ! Le charleston, originaire des États-Unis, se danse en groupe ou en couple mais aussi en solo (comme le swing aussi). Les claquettes venues d'Irlande via le Nouveau Monde sont popularisées en Europe par les films de Fred Astaire et, comme le fox-trot,

Deux danseurs de charleston (photo école de danse Valade) et un disque de cha-cha-cha. À gauche : cours de rock et rock acrobatique.

nécessitent quelques cours pour être pratiquées correctement. En revanche, née à Paris dans les milieux populaires des accordéonistes de la rue de Lappe, la java est une danse simplissime, à petits pas dandinés, qui nécessite bien moins de place que la valse (les salles encombrées des bals musette n'ont rien à voir en superficie avec celles des palais). Venu d'Espagne, le paso-doble n'est guère compliqué car il part d'une marche en couple. Le tango reste plus complexe, et l'intimité du couple y est encore plus grande.

Les danses des années 1950

Avec les années 1950, toutes les danses se font en couple (le succès des fameux slows date de cette époque). Parmi les nouveautés, rumba, manbo, salsa, cha-cha-cha... sont des danses latines aux pas assez simples, mais où il est possible d'ajouter ses propres chorégraphies aux figures prévues : une tendance à la liberté qui s'accentue au cours des décennies suivantes. Même liberté pour le rock'n'roll, qui arrive en maître sur des rythmes endiablés.

Les danses des années 1960

Avec les années 1960 apparaissent des danses qui se pratiquent en solitaire : le jerk, le madison, le twist... Un développement sans doute lié à la liberté plus grande des jeunes gens, qui ne dansent plus nécessairement entre amis, en famille ou en couple, mais peuvent se retrouver dans une assemblée où ils ne connaissent personne ou pas grand monde.

Les danses 1980-1990

Aux danses précédentes s'ajoutent la samba et le reggae, mais on assiste surtout au développement de ce qu'on appelle péjorativement « disco », danse en solitaire totalement libre, le principal étant de suivre le rythme de la musique par les mouvements des bras, des jambes ou du corps. Une façon

assez efficace pour repérer rapidement qui a de l'oreille et qui n'en a pas, qui sait faire joliment bouger son corps ou qui se dandine... L'avantage, c'est qu'on peut danser même si la salle est bondée (impossible avec du rock'n'roll sans assommer ses voisins à cause des gestes rapides des bras).

Les nouvelles danses

Hip-hop, breakdance, street-dance, popping, tectonique... Les nouvelles danses ne chassent pas les précédentes, mais s'y superposent. Danses de pros aux mouvements libres, elles ne peuvent se pratiquer que si l'on est réellement doué, seul ou en groupe, avec des chorégraphies parfois complexes, hors de portée du danseur moyen. On peut donc aussi bien se tourner vers la difficulté que continuer à danser simplement, sans applaudissements, juste pour le plaisir !

En un siècle, on passe des danses régionales en couple, aux pas mesurés, au disco en solitaire...

Quelques danses régionales en France

Dans la plupart des régions de France, ceux nés avant 1914 dans les campagnes ont d'abord appris les danses locales. D'où le succès des disques de bourrées et danses régionales quand les électrophones sont apparus dans les années 1960 : les danseurs devenus grands-parents se souvenaient de leur jeune temps et de leurs bals de village grâce aux vinyles. Certaines de ces danses se se sont maintenues jusqu'à nos jours dans les pays de traditions fortes comme la Bretagne, d'autres connaissent un regain à travers des groupes dits folkloriques. En voici quelques unes : **Aquitaine** : rondeau. **Auvergne** : bourrée. **Béarn** : gavotte et danse béarnaise. **Bretagne** : an-dro, jabadao, dans kef, dans a-dal, pilé menu, guédenne. **Catalogne** : sardane. **Corse** : tarentelle, monferina, moresque, caracollu, riesciuta. **Franche-Comté** : sauteuse. **Limousin** : bourrée et sautière. **Pays basque** : mutxiko et danse basque. **Paris** : java et tango musette. **Pays nantais et Vendée** : cheval Mallet, maraîchine, ronds guérandais. **Poitou** : marchoise. **Provence** : farandole.

Lettre, téléphone, Internet

Comment communiquer à distance avec ses amis et sa famille ? En 1900, tout ou presque se fait par courrier. Le téléphone n'en est qu'à ses débuts mais devient d'usage courant dans les années 1960... avant la venue du portable et d'Internet.

D'abord le courrier

Au tout début du XXe siècle, le téléphone n'existe guère encore. Pour communiquer au loin, il faut donc écrire. La carte postale est alors rapide et moins chère qu'une lettre, ce qui facilite son essor. Tous les collectionneurs de cartes l'ont constaté : on utilisait hier la carte postale comme on utilise un texto aujourd'hui : « J'arriverai jeudi par le train de 12 h, Paul », « Bon souvenir de celui qui vous aime, Émile », « Fernand peut-il venir samedi avec son cheval ? Jules », etc. Et comme, dans un village, tout le monde peut lire la carte, depuis le facteur jusqu'à la famille du destinataire au grand complet, les amoureux s'envoient des cartes chiffrées qu'eux seuls peuvent décoder. Cette mode du secret disparaît avec la guerre de 1914-1918, du fait de la destruction par la censure de toutes les cartes codées. Au retour de la paix, l'habitude s'en est perdue.

L'essor de la carte postale se poursuit après la guerre. Il faut dire aussi que, grâce aux

Ci-dessus : un téléphone de 1920, avec un cornet nettoyable. À gauche : un modèle des années 1940. Page de droite : un téléphone orange des années 1970.

lois de 1882 de Jules Ferry sur l'obligation scolaire, tout le monde sait désormais lire et écrire. Le record de ventes de cartes est l'année 1920 : 800 millions d'exemplaires sont distribués cette année-là en France ! Le trafic postal se maintient après cette date. Jusqu'à la fin du XXe siècle, il croît au même rythme que l'économie du pays. Mais l'essor est dû au courrier des entreprises, car les échanges épistolaires entre les particuliers commencent à baisser avec l'arrivée du téléphone.

Le téléphone

Si les premières lignes inter-urbaines de téléphone datent de 1884, l'équipement des ménages ne progresse que lentement : 10 000 abonnés en 1890 en France, 182 000 en 1908... L'appareil reste longtemps perçu comme un gadget pour riches car les abonnements sont chers.

Le premier central téléphonique automatique est inauguré en 1928 à Paris et les téléphones qui lui sont reliés portent désormais un cadran circulaire permettant de former des combinai-

---

Le courrier en quelques grandes dates

- 1848 : création du timbre-poste.
- À partir de 1863, la Poste distribue le courrier à domicile sur tout le pays. Les facteurs ruraux parcourent en moyenne 27 km à pied par jour.
- 1889 : diffusion des 1ères cartes postales, avec une toute petite image.
- 1903 : création des cartes postales avec une image occupant toute une face.
- 1920 : record des ventes en France des cartes postales : 800 millions en un an.
- 1998 : l'évolution du volume de courrier, qui suivait jusque là l'évolution du PIB, décroche. Le trafic courrier commence à baisser.

sons alpha-numériques. Mais il faut attendre 1979 pour que le téléphone soit automatique dans toutes les régions de France et qu'il ne soit plus nécessaire de passer par les services d'une opératrice. En 1955, Fernand Raynaud fait encore rire avec le récit de ses déboires téléphoniques dans son fameux sketch : « Allo New York, je voudrais le 22 à Asnières »...

Le téléphone devenu automatique passe d'une numérotation à 6 ou 7 chiffres à une numérotation à 8 chiffres en 1985 puis à 10 chiffres en 1996. Le monopole de France-Telecom est supprimé en 1998 et de nouveaux opérateurs de téléphonie se créent.

L'usage du téléphone

En 1953, moins de 10 % des ménages ont un téléphone, 12 % en 1965 puis l'équipement explose dans les années 1970 : plus d'un foyer sur deux en est équipé en 1976, 92 % en 1988 et quasiment tous à la fin du siècle. Dans les années 1970, lorsque la demande se généralise, il faut attendre 6 mois à 3 ans avant d'obtenir chez soi l'installation d'une ligne. Quand il y avait une urgence dans les campagnes, on venait donc appeler chez celui qui avait déjà le téléphone. « Aller téléphoner chez les Combal, témoigne une ancienne, c'était comme qui dirait passer le tambour dans le pays [puisque la conversation s'entendait]. Quand on téléphonait, c'était grave et c'était rare. Alors tout le pays le savait. Une telle est allée chez les Combal téléphoner, est-ce grave ?... » (B. Stéphan). L'État commence alors à installer un peu partout des cabines publiques. En 1975, on en comptait plus de 400 000. Chiffre aujourd'hui divisé par 4. L'équipement des foyers a joué. La scission de La Poste et de France-Telecom en 1990 aussi (retrait des cabines à l'intérieur des bureaux). Mais c'est surtout l'apparition du téléphone portable en 1997 (après quelques essais à partir de 1986) qui sonne le déclin. Le nombre de communications passées depuis une cabine publique chute de 99 % entre 2000 et 2015.

Il y a aujourd'hui plus de 70 millions de téléphones portables en France... pour 65 millions d'habitants. C'est la fin des cabines publiques.

Internet et son développement

1994 : Internet apparaît, mais reste rare. En 1996, il équipe seulement 100 000 familles tandis que le minitel, existant depuis 1980 (et fermé en 2012), en touche 6,5 millions.

2000 : 17 % des foyers français sont connectés à Internet. On passe à 40 % fin 2005, à plus de la moitié en 2007, à 82 % en 2013... et ça continue.

2006 : Google apparaît sur Internet en France.

2007 : le premier réseau social, Facebook, est accessible en France à partir de fin 2006.

2014 : les sites les plus visités en France sont, dans l'ordre : Google, Facebook, YouTube, Microsoft, MSN/Windows Live, Wikipedia, Orange, Leboncoin.fr, Free, Pagesjaunes, Skype, Yahoo, Amazon, SFR, Aufeminin, Blogger, Apple, OverBlog, Dailymotion, Linternaute.com, CommentCaMarche, Le Figaro...

Crédit photographique

Archives & Culture / Avant-Demain : 15 (bas gauche) - **Avant-Demain Collections** : 10 (haut + bas), 20 (bas), 21 (haut droit), 29 (haut), 35 (haut), 45 (haut), 54 (haut), 56 (haut), 65 (milieu), 66 (haut droit), 78 (milieu droit), 82 (gauche), 96 (bas), 97 (bas droit), 98 (bas), 102 (haut + bas), 103 (centre droit), 104 (haut), 114 (haut + bas) - **J. Barbier** : 92 (haut gauche), 122 (haut + bas droit) - **D. Bénard** : 5 (fond), 8 (gauche), 10 (milieu droit), 11 (haut + bas gauche), 13 (cabernotte), 14 (gauche), 23 (les 2), 24 (haut), 26 (bas + haut gauche), 27 (haut), 31 (centre droit + les 2 du bas), 33 (haut), 34 (gauche), 38 (les 2 de gauche), 40 (centre droit), 41 (haut), 44 (toutes), 45 (bas), 47 (bas droit), 53 (fond), 54 (Bretonne), 58 (bas), 61 (lavandières de l'Allier), 64 (haut), 66 (haut gauche + bas), 67 (haut), 71 (fond), 75 (haut), 77 (haut), 78 (haut), 79 (cyclistes), 80 (haut + bas), 81 (vélos), 82 (haut droit), 83 (haut), 88 (gauche), 94 (gauche), 95 (les 2 sépias), 99 (bas), 101 (fond), 103 (bas gauche), 104 (bas) - **Casterman** : 43 (Martine) - **JM. Chavastelon** : 58 (haut) - **Collection particulière, droits réservés** : 18 (bas droit), 108 (haut + bas), 113 (haut) - **Pascal Crosnier (CPA91)** : 46 (les 2 de droite), 54 (avec vaches), 78 (gauche), 80 (gauche), 82 (bas), 118 (bas) - **JP. Delory** : 86 (bas), 87 (haut) - **Deudeuchmania.over-blog.com** : 105 (haut) - **École de danse Valade, photo René Guyonnet (DR)** : 124 (haut) - **Esma V.** : 122 (gauche) - **J. Ferrand** : 68 (gauche) - **Festival de Saint-Riquier (DR)** : 123 (centre droit) - **M. Fichter** : 6 (gauche), 12 (gauche) - **Fotolia** : 5 (fond), 7 (bébé), 10 (les 2 de gauche), 11 (lit pliant + bas droit), 12 (les 3 bas droit), 13 (poussette canne + bas gauche), 14 (centre droit), 16 (serpentin), 17 (les 2 du bas), 18 (haut), 19 (toutes sauf bas gauche), 20 (lego), 21 (train + patins + bas droit), 24 (2 de gauche), 25 (toutes sauf haut), 26 (haut droit), 27 (toutes sauf haut), 28 (haut gauche + centre), 30 (gauche), 31 (haut et centre), 32 (haut droit), 33 (les 3 du bas), 34 (bas), 35 (bas), 39 (centre), 41 (bas droit), 43 (centre), 47 (haut), 48 (haut), 49 (haut gauche), 51 (centre), 53 (centre), 54 (bas droit), 55 (haut + bas + centre droit), 56 (gauche), 59 (bas), 61 (linge + bas gauche), 62 (les 2 du bas), 63 (les 2 du centre + bas gauche), 63 (toutes sauf haut), 66 (centre), 67 (toutes sauf haut), 68 (chien), 69 (chat + les 2 du bas), 71 (centre), 74 (les 3 du bas), 75 (les 2 couleur), 76 (bas droit), 77 (les 3 de gauche), 79 (2 bas droit), 80 (parasols bleus), 81 (étoiles + enfant avec bouées), 82 (haut gauche), 83 (toutes sauf haut), 84 (toutes sauf bas et bas droit), 84 (bas + bas droit), 85 (les 3 de gauche), 88 (dragées), 89 (cloche), 90 (gauche), 92 (les 2 de droite), 93 (centre), 94 (les 2 de gauche), 95 (centre et bas droite), 97 (bas gauche), 98 (les 2 de gauche), 101 (centre), 102 (les 2 du centre), 103 (haut + bas droit + centre), 104 (roue), 105 (roue + bas), 107 (TGV + centre), 108 (les 2 de gauche), 110-111 (toutes sauf disque), 112 (toutes sauf haut), 113 (bas + centre), 114 (les 2 du milieu), 115 (toutes sauf haut), 116 (les 2 TV), 117 (haut + bas + centre), 119 (les 2 du milieu), 121 (chien), 123 (centre + bas), 124 (haut gauche + bas), 125 (bas), 126 (tél. mural), 127 (toutes) - **French Lines collections (DR)** : 109 (toutes) - **Gites.monescapade (info@monescapade.fr)** : 120 (bas gauche) - **S. Grandhomme** : 93 (couple couleur du haut, photo de C. Pécot) - **F. Guerre** : 63 (haut) - **Hachette** : 42 (gauche), 43 (centre haut + les 3 du bas) - **Hergé/Moulinsart © 2014** : 43 (Tintin) - **C. Jubert** : 50 (haut) - **Kharbine Tapabor** : 24 (bas droit), 26 (gauche), 28 (gauche), 40 (gauche), 56 (centre droit), 59 (haut) - **Éric Labayle** : 72 (toutes sauf bleuets) - **Leemage** : 50 (gauche, © Selva/Leemage), 90 (bas), 91 (haut) - **matvpratique.com** : 29 (scoubidous) - **M-O. Mergnac** : 8 (haut gauche), 9 (haut + bas gauche), 11 (berceau 1920), 14 (haut + bas), 15 (toutes sauf bas gauche), 16 (haut + gauche), 17 (haut), 19 (bas gauche), 20 (haut et gauche), 21 (tricycle et bas gauche), 25 (haut), 29 (2 du bas), 30 (les 4 de droite), 32 (gauche), 34 (les 2 du haut), 36 (toutes), 37 (toutes), 38 (haut et bas), 39 (toutes sauf centre), 40 (les 2 du haut), 41 (bas gauche), 42 (les 4 de droite), 43 (les 2 de gauche), 46 (gauche), 47 (toutes sauf haut et bas droit), 50 (bas droit), 51 (bas droit + bas gauche), 54 (gauche), 56 (bas), 57 (toutes), 58 (gauche), 60 (toutes), 61 (haut + bas droit), 62 (centre droit), 63 (bas droit), 65 (les 2 du bas), 66 (gauche), 68 (bas), 69 (haut droit), 72 (bleuet), 74 (haut), 78 (bas), 79 (haut + bas gauche), 80 (parasol couleur), 81 (haut + 2 du bas), 82 (bas droit), 85 (les 2 centre droit), 86 (les 3 du haut), 87 (les 4 du bas), 88 (toutes sauf dragées et gauche), 89 (toutes sauf cloche), 90 (les 2 du haut), 91 (les 3 du bas), 93 (bas), 94 (les 2 couleurs de droite), 95 (éléphant + bas gauche), 96 (haut), 97 (les 2 du haut), 102 (gauche), 105 (habitacle ouvert), 107 (haut), 111 (disque), 116 (pub), 118 (toutes sauf bas), 119 (haut + les 2 du bas), 120 (toutes sauf bas gauche), 121 (toutes sauf chien), 122 (les 2 bas à droite), 124 (les 2 du milieu), 125 (les 2 du haut), 126 (haut + les 2 du bas) - **L. Millet** : 6 (haut), 12 (haut), 92 (les 2 du bas) - **Musée Air France** : 108 (équipage) - **Musée de la chaussure de Romans** : 85 (bas droit) - **F. Percier** : 93 (couple sépia) - **B. Piffret** : 115 (haut), 116 (les 2 mires), 117 (les 3 logos) - **Procter & Gamble** : 9 (Pampers) - **Renate Patzek, Bundesarchiv** : 76 (haut) - **M.J. Potonet** : 40 (bas), 41 (milieu) - **Ritter Steffen, Bundesarchiv** : 32 (bas) et 33 (cantine 1968) - **Roger-Viollet** : 51 (haut), 69 (droit), 74 (téléphonie), 75 (les 2 en noir et blanc), 93 (haut), 106 (haut) - **Nicole Salamin** : (bas droit) - **Ville de Saint-Quay-Portrieux** : 123 (haut) - **Wikimedia commons** : 7 (bas), 96 (Ragesoss, aspirine), 104 (2CV, auteur Fabien 1309) - Les images non mentionnées sont libres.

Remerciements
Nous tenons particulièrement à remercier tous ceux qui nous ont aidé à trouver les images : Joëlle Barbier, Jean-Marie Chavastelon, Pascal Crosnier, Jean-Pierre Delory, Esma V., Josiane Ferrand, Martine Fichter, Sabrina et Serge Grandhomme, Florence Guerre, Nicole et Jean Mergnac, Françoise Percier, Bruno Piffret, M.J. Potonet, Nicole Salamin, ainsi que les sociétés Procter & Gamble, les Éditions Casterman, le musée de la chaussure de Romans, le Festival de Saint-Riquier, la ville de Saint-Quay et l'école de danse Valade.

ISBN : 978-2-35077-249-3

© Archives & Culture - 26 bis, rue Paul-Barruel, 75015 Paris - Dépôt légal en septembre 2014 - Achevé d'imprimer en Asie
Conception maquette et couverture : Martine Fichter - Édition : Cécile Renaudin - Exécution maquette : Archives & Culture
www.archivesetculture.fr